마가복음 뒷조사

마가복음 뒷조사

김민석 지음

Holy WavePlus

차례

발행인의 글

일전에 김민석 작가를 만나 대화를 나누는 자리에서 이런 질문을 던진 적이 있었다. "앞으로 무슨 일을 하면서 살고 싶나요?" 이 질문에는 두 가지 의미가 담겨 있었다. 하나는 보잘것없는 규모의 기독교 웹툰 시장의 형편을 고려했을 때 과연 합리적인 생계 대책은 세워놓고 살고 있느냐는 것과, 다른 하나는 현재 하고 있는 일을 언제까지 지속할 생각인지가 궁금하다는 것이었다. 그런데 돌아온 김 작가의 대답은 상당히 뜻밖이었다.

그는 내 질문에 이런 대답을 했다. "(남은 생애를) 복음을 전하면서 살고 싶습니다." 순간 작은 망치로 머리를 한 대 세게 얻어 맞는 느낌이었다. 우리처럼 신학을 전문으로 공부하고 평생을 교회와 복음을 위해서 살겠다고 자청하고 나선 사람들도 살아가다 보면 초심을 잃어버리고 종교가 생계의 수단으로 전락하는 경우가 비일비재하다. 그런데 비신학도의 입에서, 그것도 척박하기 그지 없는 기독교 웹툰 시장에서 고군분투하며 그림을 그리고 있는 젊은 작가의 입에서 "복음을 전하는 일에 삶을 바치고 싶다"는 말이 나오는 것을 들었을 때 한편으로 너무나 속물적인 질문을 했던 내가 부끄럽기도 했거니와, 그 이상으로 김 작가의 대답에 가슴이 뜨거워지는 경험을 했다. 그 순간 나는 속으로 결심을 했다. "앞으로 힘닿는 데까지 이 젊은 작가를 후원해주고 싶다"고.

김민석 작가와의 의기투합은 이렇게 해서 시작되었고, 이제 그 첫 열매로 『마가복음 뒷조사』를 내놓는다. 사실 웹(카)툰을 통해서 성경말씀과 기독교 교리를 전하는 일은 오래전부터 내 숙원 중 하나였다. 우리와 같이 종이와 활자를 통해 정보를 전달하고 유통하는 전통적 세대와는 달리, 요즘 젊은 세대는 영상과 웹(카)툰 등을 통해 새로운 지식을 익히거나 기존의 지식을 재구성하는 일에 훨씬 친숙하고 능숙하다. 그럼에도 교회는 여전히 과거의 고답적인 방식에 갇혀 젊은 세대와 소통할 수 있는 문화적 도구와 장비를 갖추는 일에 서투르고 어수룩하다. 그런 점에서 나는 영상이나 웹(카)툰 등을 통해 성경의 진리와 신학적 사유들을 대중적으로 보급하여 한국 기독교의 지성세계를 강화하고 성장시키는 일뿐 아니라, 복음에 대해 냉소적이고 무심한 이 세대를 향해 전도와 변증의 역할을 수행하고 싶은 마음이 굴뚝같다. 따라서 이번에 선을 보이는 본격적인 신학 카툰 서적인 『마가복음 뒷조사』는 김 작가에게뿐 아니라, 새물결플러스에게도 상당히 의미심장한 작업이라고 할 수 있다.

『마가복음 뒷조사』는 허접한 수준의 내용을 단순히 카툰이라고 하는 화장빨로 치장한 책이 아니다. 이 책을 읽으실 독자들께서는 친히 확인하실 수 있겠지만, 이 책에는 마가복음의 신학적 구조와 내용을 둘러싼 최신 신약신학의 논의 상당수가 오롯이 담겨 있다. 그것이 가능한 이유는, 비록 김민석 작가가 비신학도임에도 불구하고 동료들과 함께 오랫동안 정기적으로 신학서적을 스터디해왔기 때문이다. 『마가복음 뒷조사』에는 그런 수고와 땀의 자취들이 고스란히 드러난다. 어떤 대목에서는 단지 한두 장을 그리기 위해서 수백 페이지가 넘는 두툼한 전문 신학도서를 읽고 그 논지들을 본인의 것으로 소화해냈다는 것을 알아차릴 수 있다. 따라서 이 책은 그저 그런 기독교 카툰 서적이 아니라, 복음에 불타는 한 젊은 작가가 자신의 신앙과 지성의 열정을 다 바쳐 만들어낸 "그림으로 된 신학서적"이라고 할 수 있을 것이다. 참으로 감사한 것은, 김 작가의 책을 통해 우리는 딱딱하고 재미 없는 것으로 정평이 난 신학의 전문 내용들이 카툰의 형식을 통해 얼마나 흥미진진하고 쉽게 표현될 수 있는지 그 가능성과 실재를 맛볼 수 있다는 것이다. 그러므로 이 책은 신학을 전공한 사람들뿐 아니라, 신학에 대해서 관심이 있는 사람들, 그리고 성경을 신학적인 렌즈로 보다 더 깊이 있게 보기를 원하는 모든 사람들에게 큰 도움이 될 것이다.

이런 멋진 작품을 만들어준 김민석 작가와 그 동료들에게 깊이 감사드린다. 그리고 앞으로도 이 젊은 형제들을 통해 세상에 선을 보일 수많은 작품들이 훼방받거나 중단되지 않고 온전한 모습으로 소개될 수 있기를 소망한다. 그리하여 새로운 젊은 세대들이 그들의 문화적 표현 양식을 통해 주 예수 그리스도의 생명의 복음을 더 친숙하게 만남으로써 그들의 세계관과 인생관이 새롭게 정향되는 복을 누리길 기도한다. 부디 주의 성령께서 그 일을 온전히 이루어가시길, 그리고 주님의 이름이 영광을 받으시길 간절히 기도한다.

2016. 7. 김요한 목사

작가 서문

언제부턴가 복음서를 제대로 읽어보고 싶다는 생각이 마음 한 켠에 깊이 자리 잡고 있었다. 보수적인 신앙 환경에서 자랐지만, 내 머릿속에 그려지는 예수는 지극히 추상적이었기 때문이다. 삶 속에서의 이런저런 신앙 경험들을 통해 직조된 주님의 이미지가, 복음서 자체에서 울리는 예수의 음성과 부딪힐 때면 그렇게 당황스러울 수가 없었다. 신앙의 대상이자 초월적인 존재로서의 예수, 복음서와 역사 속에서 한 사람으로 살아간 예수는 내 안에서 철저히 분리되어 있었다. 그러나 내가 정말로 예수를 따르고, 복음을 믿는다고 한다면 내가 복음서와 예수에 관해 그토록 무지해선 안 되겠다는 생각이 알게 모르게 오래도록 내면에서 꿈틀대고 있었던 것이다. 그리고 어느 순간, 나는 복음서에 관한 여러 신학자들의 책들을 복음서와 함께 읽어나가고 있었다.

이 만화는 복음서 중에서도 가장 먼저 쓰인 것으로 알려진 마가복음에 관한 일종의 취재 노트다. 착하고 순종 잘하는 교회 오빠(?)인 나는 복음서에 대해 의심이 가득한 캐릭터 "사판 검사"에 감정이입을 하여, 이전에 해본 적 없는 날선 질문들을 던져대며 마가복음을 조사해갔다. 그리고 신약학자들이 이미 성취해놓은 여러 탁월한 연구들에 기대어, 나귀 캐릭터 "하몰"의 입을 통해 나름의 답변을 정리해갔다. 복음서의 역사성에서 시작하여, 마가복음이 쓰이게 된 과정과 저자 마가에 관하여, 그리고 마가복음에 나타나는 예수의 말씀과 사역, 그리고 십자가와 부활에 이르기까지의 취재 과정은 정말 쉽지 않았다. 신학적 개념들을 스토리 안에서 쉽고 자연스럽게 풀어낸다는 것은 상당한 고역이었다. 지문으로 문장만 써놓고, 대체 여기에 무슨 그림을 그려야 할지 난감했던 순간들도 많았다. 그러나 그 모든 작업 과정에서 누구보다 작가인 나 자신이 이루 말할 수 없는 유익을 얻었다. 복음서를 조금이나마 더 폭넓은 시야에서 볼 수 있게 되었고, 특히 예수의 말씀과 사역이 무엇을 의미했으며, 그리고 오늘을 살아가는 우리 삶에는 그것이 어떻게 다가와야 할지를 거침없이 고민해볼 수 있었다. 치열하게 공부하고 고민하며 복음을 전하는 기독교 만화작가가 되고 싶은 내게 작지만 귀중한 한 걸음이 되었다. 예수를 왕으로 따르는 삶이 무엇인지 이제 조금은 손에 만져지는 듯해서 감사하다.

총 28화 분량의 웹툰으로 에끌툰에서 연재되었던 이 작품이 완결되기까지 응원과 격려를 아끼지 않은 모든 독자분들께 먼저 감사드린다. 그리고 이 부족한 작품이 책으로 출간될 수 있도록 이끌어 주시고 대사와 지문 교정을 손수 해주신 새물결플러스의 김요한 대표님께도 진심으로 감사드린다. 아울러 이 작품의 진행에 도움이 된 좋은 신학 서적들을 보내주시고, 작품의 마케팅에도 힘써주신 이승용 팀장님, 웹툰 연재 초반에 엄청난 조회수 폭발을 안겨주신 최경환 연구원님께도 감사드린다. 책으로 나오기까지 수고해주신 송미현 디자이너님과 새물결플러스의 편집팀, 디자인팀 모든 분들께도 감사드린다. 아울러 신학적인 부분에서 많은 도움을 주신 임주형 목사님께도 감사드린다. 마지막으로, 함께 복음서를 공부하고 고민해가며 이 작품을 전적으로 지지하며 동행해준 아내 안정혜 작가에게 서문을 빌어 특별한 고마움을 전한다. 진정 예수 따르기를 원하는 모든 분들과 함께 나의 이 작은 복음서 취재와 고민의 흔적을 나누고 싶다.

2016. 7. 김민석

주요 등장인물

하몰

예수가 예루살렘으로 입성할 때 탔던 나귀(히브리어로 '하몰')의 68대 직계 후손. 성서동물원에서 착취당하며 일하던 중, 사판 검사의 복음서 뒷조사를 위한 증인으로 불려오게 된다. 1세기와 복음서에 관한 정보를 많이 갖고 있으나 오랜 착취로 인한 것인지, 정서가 약간 불안하다.

사판 검사

성경, 특히 복음서에 상당한 의구심을 품고 있고, 기독교에 대한 분노가 가득한 바위너구리(히브리어로 '사판'). 복음서를 허위사실 유포 및 대중 선동죄로 고발하기 위해 하몰을 이용해보려 한다. 그러나 사판의 분노 이면에는 어린 시절의 아픈 사연이 자리 잡고 있다.

마가

마가복음의 저자인 1세기 기독교인 '마가 요한.' 예수를 직접 따라다닌 제자는 아니었으나, 베드로와 바울 등을 통해 예수 전승을 이어받아 최초의 복음서를 쓰게 된다.

바울

다소 출신의 바리새파 유대인이었으나, 회심하여 초기 교회의 기둥과 같은 존재가 된 인물. 그가 남긴 여러 편의 서신은 신약성경 가운데 가장 초기에 쓰인 문헌으로 알려져 있으며, 그래서 그의 서신 이곳저곳에 짤막하게 등장하는 예수 전승의 흔적들은 복음서의 신뢰성을 뒷받침해 주는 중요한 역할을 하기도 한다.

베드로

예수를 따르고 직접 목격했던 열두 제자 가운데 한 명. 복음서의 예수 전승 전달에 가장 핵심적인 역할을 한 인물로 추측되고 있다. 특히 마가복음을 쓴 마가 요한에게 끼친 영향은 확실해 보인다.

예수

1세기를 살아간 유대인이자, 복음서의 핵심 인물. 기독교에서는 온 인류를 구원한 신적 존재로 받아들여진다. 복음서를 뒷조사하는 사판 검사에게, 사실상 가장 중요한 조사 대상이다.

prologue

프롤로그

사판 검사는 이전부터 성경의 역사성에 대해 의심이 가득했다.
BIBLE
특히 복음서의 기록들은 그가 보기에 기독교도들이 만들어낸 창작이자 신화였다.
BIBLE
Q. 왜 복음서를 신화라 생각하시는지?
뭐야 이것들…?
BIBLE
… 첫 복음서조차 예수가 죽은 지 최소 40년이 지난 뒤에야 쓰였잖습니까?
복음서 저자가 그 세월이 지나도록 예수의 행적과 가르침을 자세히 기억하고 있었을까요? 말이 안 되죠.
또한 사판 검사는 수많은 악행들이 기독교인들에 의해 벌어졌고, 지금도 일어나고 있는 것에 대해 분노가 가득했다.
DAILY
목사가 또 성범죄?

Q. 기독교에 분노를 느낀다고 하셨는데, 어떤 이유로 그런지?
깜짝이야!
DAILY
뭐 … 종교재판과 마녀사냥은 다 아실테고.
가톨릭을 개혁했다는 개신교도
사실 별반 다를 게 없었죠.
DAILY
이단 사상 가졌다고 사람을 화형시키고,
엄청난 수의 북미 대륙 원주민들을
학살하기도 했고 …
그리고 지금도 기독교인이라는 자들이
온갖 범죄들을 저지르고 있는데
어찌 화가 안납니까?
사판 검사는 기독교에 의해 자행된
이 악행들이 결국 '복음서'라는 신화로부터
시작된 것이라고 생각하기에 이르렀다.
BIBLE
그렇게 해서 그는 복음서를 허위사실 유포 및
대중 선동죄로 고발하게 된 것이었다.
기 소 장
BIBLE

스튜어트 변호사는 경건하고 보수적인 기독교인이었다.
오, 주님…
그에게 성경은 절대적이며, 결코 오류가 있을 수 없다.
말세로다.
기소장
Q. 사판 검사가 복음서의 역사성에 의문을 제기했는데.
응?
사판? 사탄이랑 이름도 비슷하네.
그런 인간들은 신앙을 몰라서 그래요. 성경은 사람이 스스로 쓴 게 아니라, 성령의 영감으로 쓰인 겁니다.
그러니 성경에 오류가 있을 수는 없죠.
그는 웃기지도 않는 기소에 처음에는 콧방귀도 뀌지 않았다.
Q. 예수의 죽음과 최초의 복음서 기록 사이의 간극이 꽤 길었다고 하는데?

그러니까 그게 시, 신앙을 몰라서 하는 소립니다.
간극이 뭐 얼마쯤 있어서 사, 사람이 기억을 잘 못할 수도 있지만,
성령께서 다 기억나게 해주시는데 무,므,므,므, 뭐가 문젭니까?
쾅!!
Q. 사판 검사가 복음서를 고발했는데, 어떻게 대응하실 생각인지?
차!!
긁적
긁적
기자 양반,
가서 사판인지 사탄인지한테 전하시오.
버럭!
내 주 하나님을 시험하지 말라!!!
스튜어트 변호사는 복음서의 변호를 맡기로 자청했다.

각자 유력한 증인들을 찾아
뒷조사에 들어갔다.

chapter.1

복음서가 쓰이기까지

사판 검사는 운이 좋았다.
증인 조건으로 딱인 누군가가 다른 건수로 잡혀왔기 때문이었다.
아, 와이라노! 놔라!
내 아무 짓도 안 했그든? 느그들 지금 큰 실수하는 거야!
아무 짓도 안 하진 않았을 텐데?
뭐뭐뭐뭐, 내가 뭘?
성서동물원 탈출했잖아.
성서동물재단 그 작자들이 고발했구만.
하아 …

실은 난 니가 동물원을
탈출했든 말든 그건 관심없고,
이름이 하몰이랬지?
니가 예수가 예루살렘 성전으로
입성할 때 탔던 나귀의
후손이라며…?
68대
직계 후손
입니다.
'1세기 예루살렘 나귀'라는
유수한 가문에서 태어난 하몰은
성서동물원의 인기남이었다.
끄아아아
아아아아…!!
JESUS DONKEY
하지만 자신이 한낱 종교적 문화상품으로
팔리고 있다는 자각이 들 무렵,
아…!
그곳을 탈출했다.

흠… 여하튼, 하몰.
너희 집안 대대로 예수 당시의
사건들이 전해 내려온다는데,
사실인가?
아하~
예수님 당시 사건
어쩌구 하는 거 보니
검사님 지금 머
궁금한 게 있어서
날 부른 거네요?
맞죠?
헤헤헤헤~
이야~~ 내가 갑이네?
맨 입으로?
난 널 지금 당장이라도 다시
성서동물원에 처넣을 수 있지.
누가 갑이라고?
오-지게
걸리뿟네.

너무 고깝게 생각하지 말라고. 잘만 증언해주면 성서동물재단 쪽은 내가 막아줄 테니.
진짜 제대로 막아줄 수 있으요?
아, 그렇다니까.
내, 검사님만 믿어봅니다이.
ㅋㅋㅋㅋ
순진한 하몰은 그렇게 검사의 꾐에 홀딱 빠져들었다.
어디 보자… 니네 가문에서 예수를 성전으로 입성시킨 것 말고도, 초기 기독교인들의 문헌들을 비밀리에 운반하는 일도 좀 했구만.
사실인가?
머… 그랬다 하더라고요.
그럼, 복음서가 날조된 과정도 좀 알겠네? 그치?
사판 검사는 날선 질문을 던지기 시작했다.

그러나 하몰은 묵묵부답이었다.
하몰. 여기 우리 둘만 있어. 나 말고는 들을 사람 없다고. 그냥 솔직히 말해봐.
복음서 네 권 전부 창작물이지?
검사님이 창작물이라 함은, 복음서가 초기 기독교인들의 신화이거나 신앙고백일 수는 있지만, 어쨌든 '역사'와는 거리가 먼 것이다…
머 그 말이죠잉?
그르치 그르치!
그건 아닙니다.

…아니라고?
예.
하몰.
너 재미없게 할래?
내가 솔직하게 말하랬잖아.
성서동물원 갈까?
아~~! 검사님 이런 식으로 하시믄 제가 갱장히 불편합니다아!!
성서동물원 극혐!
나도 불편해. 이 나귀야! 그니까 똑바로 얘기하라고!
똑바로 얘기 했구만 어짜라고요?
하… 진짜 이 나귀 이거…
야 그냥 상식적으로 생각해보자.

예수가 죽고 나서 첫 복음서가
쓰이기까지 그 세월 동안,
예수의 가르침이나 일화들이
무슨 수로 보존될 수 있었겠어?
가르침들 & 일화들
40년
?
복음서
흠… 검사님
친구들 폰번호
몇 개나 외우고
있으세요?
…뭐하러 외워.
내 폰에 다
들어 있는데.
그초. 요즘
어지간한 건
다~ 데이터로
저장되니까, 뭘
외울 필요가 없죠.
근데 1세기엔 데이터는커녕
인쇄술도 없었어요.
기록을 하려면, 비싼 양피지나
파피루스를 사가지고 일일이
다 써야 했죠.
그런
생고생을 하느니
차라리…
양…양피지를
질렀다…
염소 한 마리값에.
아껴써야지…
암기가
더 나았죠.
하몰은 사판 검사에게
'1세기 팔레스타인
구전 문화'에 대한
이야기를
들려주었다.
…뭔 얘길
하려는 거야?

일단, 당시의 '기록된 문서'는 오히려
위험 요소가 꽤 있었다.[1]
내용이 변경될 위험, 태워지거나
찢기거나, 잃어버릴 위험 등등.[2]
음…
파피루스
맛이군…
그런 면에서, 스승이 말로 전하는 가르침을
제자들이 암기하는 '구전' 방식은
안전했고, 훨씬 더 보편적이었다.[3]
글쎄, 잘못 기억할 수도 있잖아?
그리고 입에서 입으로 전해지는 과정에서
말은 계속 바뀌기 마련인데,
그게 안전하다고?
물론 뉴스거리 전하듯 이 사람, 저 사람에게
퍼져가는 이야기는 과장되거나
바뀌기 쉽다.
하지만 이것이 당시의 어떤
'공동체의 전승'이라면
얘기가 달라진다.

케네스 베일리라는 신약학자는 중동의 마을에서 30년 이상 머물며, 옛 전통 생활을 이어오는 공동체를 관찰했다.
그 공동체는 '하플랏 사마르'로 불리는 모임에서 공동체의 전승, 이야기, 시들을 암송했다.[4]
암송은 그 공동체의 전승을 반복해서 들어왔던 자, 그러니까 주로 나이 많은 이들이 맡았다.[5]
이런 식의 모임을 통해 전수되어가는 공동체 전승은 바뀌거나 왜곡되기가 어렵죠.
암송자가 내용을 까먹거나 잘못 기억하더라도
공동체의 일원들이 지적하고 바로잡아주게 되니까요.[6]
? ? ?
!
즉 암송 모임 자체가 공동체의 전승을 담는 저장고 역할을 한다는 것이었다.

1세기 당시의 기독교 공동체에서도 이런 방식으로 예수 전승이 보존될 수 있었다. 특히 '교사'들은 공동체의 데이터베이스(DB) 역할을 했다.[7]
니가 보기보다 지식이 많구나?
훗…
근데 하몰. 니 말대로라면 문제가 더 심각해져.
아~~ 또 머가요?
집에 가고 싶다…
니 말대로 복음서 배후에 공동체 전승이란 게 있었다 치자.
복음서
헌데 초기 기독교 공동체가 한둘이 아니었잖아?
한둘은 아니었죠.

그럼 공동체마다 입장이
다를 수 있잖니?
이를테면, A공동체는 A만의,
B공동체는 B만의, C공동체는 C만의
입장에 따라 각기 다른 예수 전승을
갖고 있을 수 있단 거지.
A
B
C
예수…
예수…
예수…
그럼 왜곡됐을 가능성이 충분한 거
아냐? 응? 그걸 역사라고
부를 수 있겠어?
내가 지금 제대로 찌른 거 같은데?
하몰, 니가 뭘 땜에 자꾸
복음서 펀드는지는
모르겠는데…
'공동체 전승'이란 게 있었다 해도
복음서가 창작물이 아닌 역사라고
우기는 데는 별 도움이 안 돼.
도움이 될지
안 될지는
쪼메~만 더
들어보입시다
검사님.

예수와 복음서
사이에는 공동체
전승 외에도
퍼즐 조각이 더
있그든요.
…?
하몰이 말한 그 퍼즐조각은…
공동체
복음서
예수
다름 아닌 '열두 제자'와 '예루살렘 교회'의
존재였다.
공동체
복음서
예루살렘 교회
열두 제자
예수
열두 제자는 예수의 행적과 가르침을 직접
보고 들은 자들이었기에, 예수에 대해서는
이들의 증언만큼 믿을 만한 것이 없었다.[8]
그래서 이들은 예루살렘 교회를 중심으로
모여, 초기 교회 전체에 중요한 구심점
역할을 했다(적어도 주후 60년대 초반까지는).
로마 교회
소아시아 교회들
안디옥 교회
예루살렘 교회
아이고~ 열두 제자 얘기
나올 줄 알았다.
걔네는 뭐 기억력이
특출났다던?

검사님보단
좋았겠죠.
이 자식이!
크허어억!
변호사!
변호사!
변호사
좋아하시고
자빠졌네!
캄 다운! 캄 다운!
이지! 이~~지!
내 말 쫌
들어보세요!
허이고…
제가 아까 전에, 1세기
당시엔 스승의 가르침을
제자들이 암기하는 게
보편적이었다고
했잖아요?
그래서?
예수가 바로 열두 제자에게
그런 스승, 즉 '랍비'였다구요.
스웨덴의 권위 있는 성서신학자 비르예르
에르핫손은 이 부분, 곧 예수의 가르침과
초기 랍비 교수법 사이의 연관성을
심도 있게 연구했다.

그에 의하면, 당시 유대인 랍비의 제자들은 스승의 가르침을 암기할 뿐 아니라 암기 내용이 변형되지 않고 고스란히 유지되도록 다양한 기억술을 사용했다.[9]
예수를 랍비로 따르던 제자들 역시 당시의 방식대로 예수의 가르침을 왜곡 없이 전수해갔다는 것이다.[10]
게다가 제자들은 예수가 살아 있을 당시부터 전도자로 보내졌다.
각 동네로 둘씩~
전대, 배낭, 노노~
그 말은, 이미 그때부터 예수에게 들은 복음 메시지를 제자들 스스로 전파해야 했단 뜻이다.[12]
그러니까 열두 제자가 예수에 대한 증언들을 보존해갔을 가능성은 충분하단 얘기죠!
흠… 타당한 추정이긴 한데, 어쨌든 정황일 뿐이잖나? 그들이 예수 전승을 철저히 보존했다는 직접적인 증거는 없잖아?

원 모어
띵.
One more thing...
바울!
쿵
Apostle
Paul
뭐야.
복음서 얘기에
바울이 왜 나와?
그 반대입니다.
복음서 얘기에서
바울을 빼놓을 순
없죠.
PAUL
바울 서신들은 복음서보다
훨씬 먼저 쓰였으니, 아주 중요한
연결 고리일 수 있죠.
45
50
65
연대
바울
서신들
마가
복음
하하하, 야, 하몰. 일찍 쓰였건 말건
바울 서신은 복음서랑 완전 딴 얘길
하고 있는데, 어떻게 연결 고리가 되냐?

"예수의 가르침은 어느 면으로 보나 바울과 별 상관이 없다."13
들었지? 독일 신학자 루돌프 불트만이 한 말이다.
뭐야? 이 이상한 동물은…
내가 정말 예수 전승을 몰랐을 거라 생각하십니까?
흐억!
하몰은 바울 서신에 담긴 예수의 행적과 가르침을 하나씩 보여주었다.
바울 서신을 한번 직접 봅시다 검사님.
첫 번째 것은, 고린도전서 15장 3-8절에 있었다.14
First Epistle to the Corinthians
바울은 먼저, 자신이 '받은 것'을 고린도 교회 성도들에게 전했다고 한다(3절).15
그 '받은 것'은 예수께서 우리 죄를 위해 죽으신 것과, 부활하신 예수를 목격한 제자들에 대한 증언이었다(3-7절).16

그건 초기 기독교의 신앙고백이나 다름없는 기본적인 내용이잖아? 딴 거 없나?
두번째 것은, 바울이 고린도전서 11장 23-25절에서, 예수께서 잡히시기 직전에 제자들과 가졌던 만찬에 대해 기록한 내용이었다.[17]
검사님 이거는 까암-짝! 놀라실 거에요.
바울이 이 최후의 만찬 일화를 말이죠, 복음서랑 거의 비슷한 용어로 쓰고 있그등요. 함 보세요.[18]
고린도 전서
"축사하시고 떼어 이르시되 이것은 너희를 위하는 내 몸이니 이것을 행하여 나를 기념하라. …이 잔은 내 피로 세운 새 언약이니…"(고전 11:24, 25)
누가 복음
"감사 기도 하시고 떼어… 이르시되 이것은 너희를 위하여 주는 내 몸이라. 너희가 이를 행하여 나를 기념하라. …이 잔은 내 피로 세우는 새 언약이니…"(눅 22:19, 20)
대~~박! 거의 똑같죠?
에이… 반응이 없으시네. 그 외에도 많아요.

바울은 '주의 명령'이라고 부르며 복음서의 예수의 가르침을 인용하기도 했고,[19]
이혼에 관한 가르침
고전 7:10,11
마 5:31,32
복음의 일꾼이 받을 몫에 대한 가르침
고전 9:14
마10:10; 눅10:7,8
명시적 언급은 없지만, 예수의 가르침을 염두에 둔 게 분명한 부분도 곳곳에 썼다.[20]
음식물에 관한 가르침
롬14:20; 딤전4:3
막 7:18,19
도적같이 오는 주의 날에 관하여
살전 5:2
눅12:39,40; 마24:43,44
바울이 예수 전승을 전해받은 적이 없다면, 무슨 수로 이런 구절들을 쓸 수 있었겠어요?
……
오케이. 바울이 예수 전승을 좀 들었다 치자. 근데 누구한테 들었을까?
내가 알기로, 바울은 꽤 독자적인 행보를 걸었는데… 그런 세부적인 전승을 들을 기회가 있었나?
있었죠. 바울이 회심 이후에 예루살렘 교회에 가서 베드로랑 보름을 같이 지냈다고 하더라고요(갈 1:18).[21]

둘이서 15일간 뭐했겠어요? 머…
예루살렘 맛집 탐방이나 하고
댕겼을라나?[22]
어! 저 집
양고기는
못 먹어봤는데.
오늘은 저기?
안 돼 안 돼.
저 집 너무 비려.
못 먹어
못 먹어.
바울은 복음의 기초적
내용은 최초 회심 때의
계시를 통해 알고
있었겠지만
맛집 탐방
했을 수도
있지 왜…
예수 전승의 자세한 내용은 아마도
이때 베드로를 통해 전달받았을
겁니다.[23]
특히 바울은 바리새인 출신이었으니
구전 전승을 암기하고 전달하는 일에
익숙했겠죠.
머릿속에
저장되는
이 익숙한 느낌…
검사님께선
예수 전승이
보존됐다는 직접적인
증거가 없다고
하셨지만…
이미
보셨다시피
예수 전승은
복음서보다 먼저
쓰인 바울 서신에
버젓이 등장합니다.
바울
서신
복음서

'바울'은 하몰이 제시한 퍼즐을 완성하는 조각이었다.
공동체
바울
공동체
복음서
예루살렘 교회
열두 제자
예수
공동체
바울
공동체
초기 교회 각 공동체는, 열두 제자뿐 아니라 바울에게서도 예수 전승을 전해 받았을 것이다.
그리고… 검사님께선 예수 전승이 각 공동체의 입장에 따라 왜곡됐을 거라 하셨지만…
상상해보세요. 적어도 주후 60년대 중반까지는 예수를 직접 목격한 제자들이 살아서 활동 중이었고,
바울도 바리새파 출신답게, 예수 전승을 엄격한 방식으로 전달하며 전천후로 뛰고 있었어요.
그런 상황에서 어떤 간 큰 공동체가 자신들 입장에 따라 예수 전승을 임의로 바꾸거나 왜곡할 수 있었겠어요?

그러므로 첫 복음서가 쓰일 때까지 예수 전승은 초기 교회 주요 인물들에 의해 통제되면서 충분히 잘 보존되었으리란 것이 하몰의 결론이었다.
45 50 55 60 65 70
예수전승
야고보 (62년 순교)
베드로 (64년 순교)
바울 (67년 순교)
마가복음
사판 검사는 조금씩 말수가 줄어들기 시작했다.
자~ 이제 저는 할 만큼 했으니 집에 보내주세요.
그래. 가야지.
너희 집, 성서동물원으로.
아아아! 거긴 우리 집 아니야, 이 사기꾼아! 성서동물재단 막아준다믄서!!
하몰 니가 내 증인으로서 아무 도움도 안 되는 말만 지껄이는데 뭐가 이쁘다고 막아줘?

하아…
이거 제대로 걸리뻤네.
완전 악질 검사네…
사판 검사는 잠시 바깥으로 나가 생각을 했다.
이대로는 스튜어트 변호사와의 전투에서 아무런 승산이 없다. 어디를 공략해야 할까…
음, 그렇지!
사판 검사는 정면 돌파를 선택했다.
하몰이 예수 전승이 가장 잘 보존되어 있을 거라 주장한 그 첫 번째로 쓰인 복음서.
MARK
'마가복음'을 공략해서 너덜너덜하게 만들어버리면… 나머지 세 복음서는 식은 죽 먹기가 될 터.

1. James D. G. Dunn, 『역사적 예수 논쟁: 예수의 역사성에 대한 다섯 가지 신학적 관점』(새물결플러스 역간)의 기고문, 307-308.

2. James D. G. Dunn, 같은 글.

3. James D. G. Dunn, 같은 글.

4. Richard Bauckham, 『예수와 그 목격자들』(새물결플러스 역간), 416; Kenneth E. Bailey, "Informal Controlled Oral Tradition and the Synoptic Gospels", *Themelios* 20(1995), 6.

5. Richard Bauckham, 같은 글.

6. James D. G. Dunn, 『예수와 기독교의 기원(상)』(새물결플러스 역간), 293; Kenneth E. Bailey, "Middle Eastern Oral Tradition and the Synoptic Gospels", *The Expository Times* 106(1996), 365.

7. James D. G. Dunn, 같은 책, 255-257.

8. Richard Bauckham, 같은 책, 163-167.

9. Richard Bauckham, 같은 책, 408-409; B. Gerhardsson, *Memory and Manuscript: Oral Transmission and Written Transmission in Rabbinic Judaism and Early Christianity*(1961).

10. Richard Bauckham, 같은 글; B. Gerhardsson, 같은 글.

11. 마 9:36-10:15; 막 6:7-13; 눅 9:1-6; 10:1-16; Richard Bauckham, 같은 책, 460.

12. Richard Bauckham, 같은 글.

13. Rudolf Bultmann, "Significance of the Historical Jesus", 223.

14. David Wenham, 『바울: 예수의 추종자인가 기독교의 창시자인가?』(크리스챤 다이제스트 역간), 524.

15. David Wenham, 같은 글.

16. David Wenham, 같은 글.

17. David Wenham, 같은 책, 210.

18. David Wenham, 같은 글.

19. David Wenham, 같은 책, 524-526.

20. David Wenham, 같은 글.

21. Richard Bauckham, 같은 책, 434.

22. Ricahrd Bauckham, 같은 글.

23. Ricahrd Bauckham, 같은 글; James D. G. Dunn, 같은 책, 262.

chapter.2

마가 요한에 대하여

하몰, 네가
집에 갈
기회를 줄게.
뭐 열두 제자니, 공동체 전승이니
내가 듣기엔 다 두루뭉술한
추측뿐인데, 조사 범위를 좀
좁혀보자고.
…?
제일 처음
쓰인 게
마가복음이라
그랬지?
뭐…
그런데요?
그래, 우리 마가복음을
한번 제대로 파헤쳐보자고.
그 뒤엔 진짜 집에 보내줄게.
딱 마가복음까지만입니다이?
또 엉뚱한 소리하시믄 진짜
저도 막 나갈 거에요.
알았어, 딱
거기까지만!
아…
예수님 태운
나귀 직계후손이
이게 무슨
꼴이야…

자. 일단
이 마가복음,
누가 쓴 거야?
MARK
'마가' 복음이요
'마.가.' 복음, 검사님.
거기 써 있잖아요.
이런
싸가지…
좀 더 정확히 말하자면
'마가에 의한 복음'이죠.
THE GOSPEL ACCORDING TO MARK
난 그게
궁금한 게 아니고,
진짜 마가가
쓴 게 맞냐는 거지.
증거 있어?
마가가 마가복음
저자라는 증언이야 뭐,
널리고 널렸죠.
2세기 초의 교부인
파피아스가 제일 먼저
증언했고…1
PAPIAS OF HIERAPOLIS
120-130년경

순교자 유스티누스, 이레나이우스,
그리고 알렉산드리아의 클레멘스도 증언했죠.[2]
JUSTIN MARTYR
150년경
IRENAEUS
170년경
CLEMENT OF ALEXANDRIA
180년경
3세기 이후의 교부들인 오리게네스, 테르툴리아누스, 유세비우스, 히에로니무스도 모두 마가가 마가복음의 저자라고 증언했고요.[3]
TERTULLIAN
ORIGEN
EUSEBIUS
JEROME
흠… 여전히 믿기지가 않는군…
아~ 전승 기록을 갖다줘도 못 믿으시네에!
아니아니, 그 전승 기록에 언급된 '마가'라는 사람이 그… 뭐냐…
선교여행이라 그러나? 그런 거 다닐 때 겁먹고 중간에 도망가서, 바울 승질 뻗치게 했던 그 '마가 요한' 아냐?[4]
쟤 대박이다…
복음서를, 그것도 처음으로 쓸 정도로 대범한 인물로는 도무지 보이지가 않는데? 안 그래 하몰?

아~ 그 사건은 들어보셨나 보네.
마가가 잘못하긴 했죠. 그 험난한
선교여행에서 개인행동 한 거니까.
그게 정확히
어떻게 된
일이야?
일단, 마가는 바울과 바나바의 수행원으로
선교여행에 참여한 건데,
뭐… 그래도 키프로스 섬까진
괜찮았어요.
버가
안디옥
실루기아
키프로스섬
살라미
바보
다메섹
두로
가이사랴
예루살렘
거기는 마가의 사촌인 바나바의
고향이기도 해서, 어쩌면 마가에게도
그리 낯설지 않은 곳이었을 것 같구요.5
우리 마가가
아재 고향
와봤던가~?
바나바랑
마가가
사촌이었군…
네.
하지만…
바보를 지나서 도착한 밤빌리아 지방의
버가에서, 마가는 갑자기 예루살렘으로
가버렸죠.
버가
안디옥
실루기아
키프로스섬
살라미
바보
다메섹
두로
가이사랴
예루살렘

왜
그런 거야?
음… 바울과
바나바는
버가에서 북쪽으로
그러니까,
갈라디아 지방으로
올라가려 했거든요.
흑해
갈라디아
아시아
비시디아 안디옥
이고니온
루스드라
루기아
더베
안디옥
버가
실루기아
살라미
지중해
바보
다메섹
거긴 지형이 정말 험하고
산적 떼들이 곳곳에서 출몰했대요.
앞으로의 여행 경로에 대한 그런
얘길 들었다면, 저라도 좀
멘붕이 왔을 거 같아요.
예민하고
유약한
청년이었구만.
음, 근데…
마가가
복음서를 쓴
스타일을 보면…
막 유약하고, 여리고, 머 그런 성격까진
아니었던 것 같아요.
좀 지멋대로인 부잣집 도련님이랄까?
부잣집?

마가의 어머니 집이 예루살렘 상부도시에 있었어요. 다락방이 있을 정도로 큰 주택이었죠.
상부도시 (부자동네)
성전
마가의 집 추정위치
하부도시 (가난한 동네)
1세기 예루살렘
거기서 예수님과 제자들이 최후의 만찬을 가졌고, 나중에 초기 교회 성도들의 모임 장소로 쓰이기도 했죠.[6]
흠, 근데 마가가 복음서를 쓴 스타일이 뭐 어떻길래?
좀 싸가지가 없… 아니아니,
문체가 좀 직설적인 편이죠. 특히 예수와 제자들을 표현할 때 예우가 약간 결여되어 있달까…[7]
말 실수 할 뻔했네…
예를 들면?
일단, 갈릴리에서 폭풍이 몰아치는 장면을 보면요…
"선생님이여, 우리가 죽게 된 것을 돌보지 아니하시나이까?" (막 4:38)
이건, 왜 우리 안 돌봐주냐고 거의 뭐 따지는 건데…[8]
ZZZ

"주여, 구원하소서. 우리가 죽겠나이다." (마 8:25)
같은 장면인데 마태는 훨씬 공손~하게 표현했죠.[9]
"너희가 어찌 믿음이 없느냐?" (막 4:40)
여기서도 마가의 기록은 쎄죠? 제자들이 믿음 없다고 대놓고 말씀하시는데…[10]
"믿음이 적은 자들아" (마 8:26)
마태는 역시 이 부분도 부드럽~게 표현했고요.[11]
흠…
예수에 대한 표현도 마찬가지인데…
예수께서 화를 좀 내신 부분이나 (막 3:5)
예수의 친족이 예수를 미쳤다고 한 부분(막 3:21)은 마태, 누가복음엔 모두 빠져 있어요.[12]
또 예수께서 세례받으시고 광야로 가게 되시는 장면에서, 마태와 누가는 성령에게 '이끌려 가셨다'고 하는데…[13]
이끌리어 (마4:1)
ἀνήχθη
이끌리시며 (눅4:1)
ἤγετο

마가는 성령이 광야로
'몰아내셨다'(에크발레이)고 하거든요.
이게… 주로 귀신 내쫓는 걸 표현할 때
사용되던 단어라고 하더라고요…[14]
몰아내신지라 (막1:12)
ἐκβάλλει
허억
단어 선택이
꽤 터프하죠?
오호라…
들어보니,
예우가 없다기
보단, 오히려
가감없이
쓴 거구만.
…헐,
진심?
검사님이 복음서를 두고
'가감없이 쓰였다'는 말을
하실 줄은 몰랐어요!
영접 기도
해드릴
까요?
아아
그런 뜻이
아니야!!
근데 하몰. 생각해보니 마가는
예수를 따라다닌 제자도 아니었고…
주요 목격자도 아니고…
복음서를 스스로 써낼
역량이 없었을 거 같은데.
대체 어떻게 쓴 거야?

뭐, 누군가로부터
도움을 받았겠죠?
음…. 근데 검사님 질문이
좀 덜 날카롭네. 무뎌 무뎌.
절레
절레
아,
뭐라는 거야
또?
저라면 이 시점에서는 이렇게
질문했을 거예요.
복음서를 써낼 역량이고
뭐고 이전에…
MARK
대체 복음서라는 걸
왜 '써야' 했는가?
사판 검사는 말수만
줄어든 게 아니라
자존감에도
손상이 왔다.
니 잘났다…

아니, 그렇잖아요.
마가는 '복음서'라는 걸
처음 썼어요.
탄생시킨 거죠.
GOSPEL
헌데, 1세기 유대인들은
구전 중심 사회였단 얘기, 기억하시죠?
당시 초기 교회에서도
열두 제자를 통한 가르침과
구전 전승으로 충분했을 텐데.
마가는 어쩌다가,
그걸 기록해야겠다는
어여쁜 생각을 했을까요?
……
…지금 나보고
답변해보라는
거야?
아니요,
제가 얘기
할라고요.
그래, 질문하고 답변하고
이제 니 혼자
다 해처먹으세요!
에헤이~ 농담이에요.
같이 생각해보자고요.

주

1. R. A. Guelich, 『예수 복음서 사전』(요단 역간)의 기고문, 229; Eusebius, 『교회사』, 3.39.15.

2. Robert H. Stein, 『BECNT 마가복음』(부흥과개혁사 역간), 23; Justin, 『트리포와의 대화』 106.3; Irenaeus, 『이단을 반박함』 3.11; Eusebius, 같은 책, 6.14.

3. Robert H. Stein, 같은 글.

4. 행 13:13; 15:36-41.

5. 골 4:10; 행 4:36.

6. 행 12:12; 막 14:14-15.

7. C. A. Evans, 『WBC 마가복음(하)』(솔로몬 역간), 64-66.

8. C. A. Evans, 같은 글.

9. C. A. Evans, 같은 글.

10. C. A. Evans, 같은 글.

11. C. A. Evans, 같은 글.

12. C. A. Evans, 같은 글.

13. C. A. Evans, 같은 글.

14. C. A. Evans, 같은 글.

chapter.3

마가복음이 쓰이기까지

결국 내가 했던 질문이랑 다를 바 없잖아. 열두 제자도 아닌 마가가 복음서를 대체 어떻게 쓰게 된 거냐고.
그니까…
마가가 복음서를 기록하게 된 당시 정황을 먼저 좀 살펴보자구요.
자~ 그걸 위한 세 가지 키워드를 먼저 드립니다이~ 맘에 드실 거에요.
1
유대전쟁
2
베드로
3
Aa
라틴어
일단, 마가복음이 기록된 연대로 주로 추정되는 주후 66-67년은 로마와 유대인들 간의 전쟁이 시작되었던 시기예요.[1]
1
그 연대는 무슨 근거로 정한 거지?
역시 초기 기독교 전승이죠.
교부인 이레나이우스에 따르면, 마가복음은 베드로 사후, 네로 통치기에 쓰였다고 하는데… 그러면 적어도 64-68년 사이가 되겠죠?[2]
64
68
네로 통치
네로사망
마가복음(?)
베드로
베드로 순교

64년은 네로 황제가 로마 대화재의
책임을 기독교도들에게 덮어씌워
박해를 시작했던 때이기도 하잖아?
그죠. 근데 여기서,
예수께서 예루살렘 멸망을 예언하시는
마가복음 13장을 좀 주목해 볼
필요가 있어요.
MARK 13
MARK
13장 14절에서 마가가
의미심장한 말을 덧붙이고
있거든요.
마가복음 13장
14 멸망의 가증한 것이 서지 못할
곳에 선 것을 보거든
(읽는 자는 깨달을진저)
그 때에 유대에 있는 자들은
산으로 도망할지어다
당시 유대 전쟁이라는 상황을
맞닥뜨린 성도들에게 뭔가를
강하게 촉구하고 있는 거죠.
읽는 자는
깨달을진저…
도망쳐!
예수께서 예언하신
그 예루살렘의 멸망이
시작된 거 같아!
흠…
그러니
마가복음은
유대 전쟁이 일어난
66-67년 즈음
쓰였을 가능성이
높죠.

67년 이후로는 로마 군대가 이미 예루살렘을 포위한 상태라, 도망가라는 경고가 의미없었을 거구요.[3]
ROME
ROME
ROME
ROME
여하간 위험천만한 시기였겠구만
네, 여러모로 초기 교회가 혼란스러웠을 시기죠.
초기 교회의 핵심 인물인 베드로와 바울이 네로의 박해로 순교하여 생긴 리더십의 공백…
베드로 64년 순교
바울 67년 순교
유대전쟁의 발발로 인해, 나라를 지키기 위한 전쟁에 참여할 것인가, 아니면 예수의 명령대로 도망갈 것인가? 하는 혼란스런 갈등에 휩싸인 유대인 성도들.
…산으로 도망할 지어다 …
하하, 야… 선교여행에서 산적 떼 소문에 쫄아서 도망갔던 마가가, 그런 험악한 상황에서 잘도 복음서를 썼겠다!
그래서 두 번째 키워드가 필요합니다. 검사님.
2

다름 아닌
'베드로'입니다!
뭐야.
또 베드로?
2
베드로는 허구헌~날 등장하는구만.
뭐, 베드로가 마가를 개과천선
시켜주기라도 했대?
그건 모르겠구요.
제가 좀 놀란 부분은, 마가가 어느 순간부터
키플레이어가 되어 있다는
사실입니다.
그렇게 마가를 질색했던
바울은, 어느샌가 마가랑
동역하고 있고…4
베드로도 로마 교회에서
마가와 동역하게
되거든요.5
ROME
특히 파피아스에 따르면,
마가가 베드로의 번역자 역할을
했대요.
α

번역자?
옙
하몰은 유세비우스의 『교회사』에 인용된 파피아스의 증언을 보여주었다.[6]
PAPIAS
…베드로의 번역자였던 마가는 주가 말씀하셨거나 행하셨던 것들에 대해 그가—비록 정돈된 형태는 아니었어도—기억해낸 많은 것들을 능력껏 정확하게 기록했습니다.
하… 결국 마가복음의 예수 전승 출처도 베드로란 얘기네. 속 편해 아주? 앞으로 계속 베드로만 써먹어도 되겠어?
파피아스가 그렇다고 하는데 머 우짜라고요?
파피아스가 뭐 진리니? 다른 증거는 없나?
반마르키온 서문에도 마가가 베드로의 번역자였다고 나오고요. 2-4세기의 주요 교부들도 다 그렇게 얘기해요.[7]
ANTI-MARCIONITE PROLOGUE
ORIGEN
TERTULIAN
EUSEBIUS
베드로의 제자이자 번역자인 마가가 베드로가 설교했던 내용을 우리에게 전해주었다.[8]
170년경.
이레나이우스.

베드로가 설교한 내용이라… 근데 사도행전의 베드로 설교를 보면 마가복음이랑 별로 비슷하지도 않던데? 주로 구약으로 예수 부활 설명하는 설교잖아?
오~ 검사님, 그래도 성경을 꽤 관심 있게 보셨나 보네요?
하이고, 수사를 하는데 그럼 당연히 봐야지.
너, 너 착각하지마. 난 이 복음서 전체를 다 끝장낼 거니까!
뭐, 그릅시다. 끝~장내봅시다 한번.
근데 끝장낼라믄 좀 더 꼼꼼히 보셔야죠. 베드로 설교를 사도행전 앞 장들에서만 보셨나 보네. 10장 후반부에 나오는 베드로의 설교를 보면요…
ACTS OF THE APOSTLES
복음서의 원시적 구조라고 할 만한 게 나옵니다.
ACTS 10:36-43
① 세례요한
② 예수의 사역
③ 죽음
④ 부활, 목격자에게 나타내보임

결국 마가는 베드로가 늘 설교했던 예수 전승을 헬라어로 번역해서 자기 나름대로 재구성한 것이죠.
MARK
베드로가 마가를 아들이라고 부를 정도로 둘은 가까운 사제지간이었으니… 마가는 귀에 못이 박히도록 베드로의 설교를 들었을 거고요.[9]
아들아! 하하하
예 아부지!
흠… 뭐 그것까진 알겠는데. 솔직히 마가복음은 그냥 얼핏 봐도 설교문을 그대로 옮겨 적은 것 같진 않잖아?
설교문이라기보다는 차라리 당시 로마의 전기문학 같은 느낌이랄까?
ROMAN BIOGRAPHY
?
허허허… 별일이네…
…?
검사님 그거 꽤 정확하게 보신 거예요!!

…정확
하다고…?
사판 검사는 오히려
자신이 하몰에게
말려 들어가는 듯한
불쾌한 느낌에
몹시
몸서리쳤다.
정신 똑바로…
정신 똑바로…
흐으으…
자~ 이제 딱,
마지막 세 번째 키워드
등장 타이밍이네요!
3
Aa
라틴어
마지막 키워드니
이제 결론이 나와야
될 거야, 하몰
…?
니 입으로 뱉었던 질문 있잖아.
'마가는 왜 복음서라는 것을
굳이 써야 했는가?'
그쵸… 제가 참
거대 질문을 고마
쎄리 던져뿟네요.

잘해봐. 결론 안 나오면 그냥 성서동물원 가야지 뭐.
에이~ 또 협박하신다. 솔직히 저 동물원 보낼 생각 없으시죠? 어디 가세요?
…?
하몰!
하몰 저노무 시키!
서서… 성서동물재단!
헉
그냥 동물원으로만 보내주면 우리가 알아서 하겠소!
아직 취조 중입니다. 금방 끝날 테니 조금만…

쿵
우씨이… 검사님 다 그짓말이었지요? 성서동물재단 막아주긴 개뿔! 나 잡으러 와 있잖아!!
그러니까 결론을 잘~ 내 보라고. 징징대지 말고.
탁
탁
타닥
탁
알~겠심미다! 좋~~심미다! 어디 해보죠 한번!
자, 일단 마가복음이 헬라어로 쓰였단 건 아시죠? 헌데 특이하게도 라틴어에 어원을 둔 용어가 꽤 나옵니다.
예를들면, 이런 거…
브라이도리온 (막 15:16)
πραιτωριον
prætorium
특히 '시위병', '백부장', '손', '주발' 등은 마가복음에만 등장하는 라틴어 용어고요.[10]
speculator
시위병 (막6:27)
centurio
백부장 (막15:39, 44, 45)
pugnus
손 (막7:3)
sextarius
주발 (막7:4)

또 '렙돈'이라는 헬라 화폐 단위를 설명하려고
로마의 라틴어권에서 통용되던
'고드란트'라는 단위를 쓰기도 했고요.
λεπτόν
quadrans
…두 렙돈 곧 한 고드란트를..
(막 12:42)
그럼… 마가가 로마인
독자들도 염두에 두었단
얘기야?
이그재~액틀리!
바로 그거죠.
그래서 검사님도 느끼셨듯이,
로마 전기문학적 특성도
마가가 어느 정도 담아낸 거고요.[11]
ROMAN
BIOGRAPHY
근데 실제로 마가복음을
읽은 로마인들은 아마…
좀 쇼킹했을 거예요.
…?
MARK
뭐가
쇼킹해?
음… 일단 로마 황제
아우구스투스에 대한
당시 기록을 몇 가지만
보여드릴게요.
AUGUSTUS
BC 27 - AD 14

...그러나 신의 생일은
그로 말미암아 세상을 위한
복음의 시작이었다.
이건 아우구스투스의
생일을 묘사한 비문인데…
뭐가 떠오르지 않으세요?[12]
그 외에도
이런 묘사들도
있었어요.[13]
신의 아들 카이사르의 정복
신의 아들, 황제 ... 아우구스투스
구원자이자 은인 ... 아우구스투스
1세기의 유대인 역사가
요세푸스는, 베스파시아누스가
황제가 되었단 소식을
'복음'이라 표현하기도
했는데요…[14]
εὐαγγέλια
복음
결국 '하나님(신)의 아들'이나
'복음'이란 단어는
모두 당시 로마 황제에게
붙여지던 용어였던 거죠.
신의
아들!
복음!
율리우스 카이사르나 아우구스투스는
워낙 존경도 많이 받은 황제라,
제대로 신격화되었었고요.
뭐, 신격화된 건 나도 아는데…
근데 칼리굴라 황제부터는
존경과는 거리가 멀어지지
않았나?

맞아요. 특히 베스파시아누스가 황제가 되기 직전에는, 불과 2년 사이에 황제 세 명이 서로 죽고 죽이며 갈아치워졌죠.[15]
갈바
오토
비텔리우스
암살당함
자살
살해당함
근데 공교롭게도, 그 시기에 등장한 게 마가복음이에요. 황제들에 대한 존경심이 마구 무너져갔을 그때 이 책이 나온 겁니다.[16]
65
70
네로
베스파시아
갈바 - 오토 - 비텔리우스
MARK
바로 이 문장을 시작으로요.
마가복음 1장 1절
하나님의 아들 예수 그리스도의 복음의 시작이라
허허허허… 그러면 완전… 새 황제가 납셨다~! 뭐 그런 거야?
로마인들에겐 그렇게 들렸겠지만, 사실 그 이상이죠. 1장 2-3절을 같이 보면…
MARK
마가는, 포로가 된 이스라엘의 소망이 이루어질 것이라는 구약의 맥락도 함께 전달하려는 것 같거든요.
선지자 이사야의 글에...

구약의 맥락?
네, 특히 3절에서 인용한 이사야 40장은
마가복음 1:3
이사야 40:3
바벨론에 포로로 잡힌 이스라엘 백성을 하나님께서 구출하실 것에 대한 내용이고요.
그게 뭐? 마가복음 당시의 유대인들은 이미 오래전에 풀려난 상태였잖아?
그럼요. 진작에 풀려났죠. 하지만 바벨론 대신, 로마와 그 하수인인 헤롯 왕가의 지배 속에 있었죠.
BABYLON
ROME & HEROD
당시 유대 문헌들을 봐도, 회복됐다고 전혀 인식하질 않아요. 여전히 하나님께서 오셔서 이루실 갱신과 회복을 꿈꾸고 있거든요.[17]
바룩서 5:5-7
토빗서 14:5a
희년서 1:15
솔로몬의 시편 11장

그럼…
혹시 그게
'메시아 신앙'
이었나?
'메시아 신앙' 같은 말은
쉽게 나올 수 없는데…
전에 교회 다닌 적 있으신 거
아니에요?
아이고…
하몰. 지금 밖에 누가 있는지
알지? 그런 쓸데없는
소리 할 시간이 없을 텐데?
알거든요…
말 안 하셔도…
암튼, 그렇게 로마와 헤롯 왕가
아래서 억압받던 당시 유대인들에게
좋은 소식, 즉 '복음'이란…
ROME
&
HEROD
GOOD
NEWS

하나님께서 다시 오셔서 자기 백성들을 회복하고 다스리실 선한 나라에 대한 소망이었죠.
마가복음이 쓰일 당시의 유대인들은 그 소망을 무력으로 쟁취해내려 하고 있었고요.
로마랑 맞장뜨려 했던 그 '유대전쟁' 말하는 거지?
그쵸. 오우~ 기억도 잘하시네.
마가는 그런 상황 속에서… 그들이 생각지 못한 방식으로 이미 하나님 나라가 이루어지기 시작했다는 사실을 전하고 있었던 거죠.
다름 아닌 '메시아 예수의 복음'으로 그들이 꿈꾸고 소망했던 것이 마침내 나타났다고!
예수 그리스도의 복음의 시작
Αρχὴ τοῦ εὐαγγελίου Ἰησοῦ Χριστοῦ
그러니까 마가는, 구약의 맥락과 예언을 토대로 하면서도… 로마인들에게도 익숙한 문학구조와 용어를 사용해서…
† MARK

하나님의 아들
예수 그리스도의 복음을
전하려 한 것이죠!
천재적이야…
흐음…
아…
제 결론이
맘에 드셔야
할 텐데…
으으음…
아아… 검사님
저 진짜 동물원 가믄
안대요… 제발…
사판 검사는
잠시 생각에 잠겼다.
하몰.
우리 이렇게
하자.

주

1. R. A. Guelich, 『예수 복음서 사전』(요단 역간)의 기고문, 230; C. A. Evans, 『IVP 성경신학사전』의 기고문, 391.

2. R. A. Guelich, 같은 글; Irenaeus, 『이단을 반박함』 3.1.1.

3. R. A. Guelich, 같은 글.

4. 골 4:10; 몬 1:24; 딤후 4:11.

5. 벧전 5:13.

6. Richard Bauckham, 『예수와 그 목격자들』(새물결플러스 역간), 365의 번역을 따름; '번역자'(헤르메뉴테스)는 '통역자', '해설자'의 의미를 가질 수도 있다.

7. Robert H. Stein, 『BECNT 마가복음』(부흥과개혁사 역간), 23-24.

8. Robert H. Stein, 같은 글; Irenaeus, 『이단을 반박함』 3.1.1.

9. 벧전 5:13.

10. Robert H. Stein, 『BECNT 마가복음』(부흥과개혁사 역간), 32.

11. R. A. Guelich, 『WBC 마가복음(상)』(솔로몬 역간), 23.

12. Craig A. Evans, 『WBC 마가복음(하)』(솔로몬 역간), 105.

13. Craig A. Evans, 같은 책, 104.

14. Craig A. Evans, 같은 책, 107.

15. Craig A. Evans, 같은 책, 115-116.

16. Craig A. Evans, 같은 책, 115-116.

17. Rick Watts, 『신약의 구약사용 주석시리즈(1)』(CLC 역간)의 기고문, 304.

chapter.4

복음서의 하나님 나라

…뭘요?
성서동물원으로
가자.
어억!
아니, 왜요??
아니, 왜요오!!
내가 이르케 열씨미
설명 했는데에!!
벌컥
아! 취조
다 끝났소?
젭알…
하몰 이 녀석이
갑자기 배탈이
났나 봅니다.
같이 화장실에 좀…
아…

아이구 배야…
아이구…
동물원 음식을
안 먹어서 그래,
동물원 음식을 이놈아!
예예,
그런 거
같네요.
RESTROOM
하아…
검사님
머가 문젠
데요?
니가 얘기한 마가복음의
배경 정보들은 대강
알겠는데… 그래서 그게
무슨 의미라는 얘기야?
무슨 의미
라니요?

예수가 로마 황제를 넘어서는 궁극의 통치자이고…
신의 선한 나라가 오기 시작했다는 게 마가복음 첫 부분에 깔린 내용이라면…
그럼 대체 예수는 누구며, 신의 선한 나라라는 건 또 뭘 말하는 거야?
아… 그건 너무 거대한 질문이잖슴… 집에 좀 보내주세요…
아니… 그냥 예수 믿으면 천국 간다는 게 기독교 아냐? 이 세상은 어차피 다 심판으로 불태워 없어질 거라고 믿으면서 말이지.
그렇게 이 세상을 벗어나고 싶어하는 기독교인들에게 '예수의 통치'라는 게 왜 필요하냐고?

점점 눈덩이처럼 커져가는 질문에
하몰은 현기증이 나기 시작했다.
으어…
아… 검사님 저
화장실 좀…
갑자기 진짜 속이
안 좋네요…
그리고…
크크… 너 정말
동물원 음식
안 먹어서
그러냐?
이런 기회는 언제
다시 올지 알 수 없는
일이었다.
드륵-
탈출의 기회 말이다.
야!
하몰!
탁탁탁탁

하하하하하! 제가 그거
집에 가서 생각 좀
해볼게요, 검사님!
탁탁탁탁
비록 탈출 20여 초 만에
다시 잡히고 말았지만…
으억!
웃차~
쯧쯧…
그래, 뭐…
생각 좀 충분히
해봤어?
……
난 잘 이해가
안 간단 말이지.
니네 기독교인들끼리
그런 기도하잖아.
나라가 임하옵시며…
뜻이 하늘에서
어쩌구 저쩌구…
뭐지 그거?

나라가 임하시오며 뜻이 하늘에서 이루어진 것 같이 땅에서도 이루어지이다. 주기도문 말하시는 거예요?
그래, 그거!
예수 믿고 하늘나라 가면 된다고 믿으면서, 땅에서 뭐가 이루어진단 거야? 무슨 나라가 임해?
예수가 대체… 뭘 하려고 했단 거야?
그니까… 검사님이 보기에 기독교인들은 이 땅에 발 붙이고 살지만, 사실은 죽음 이후의 삶을 갈망한다?
그럼 아닌가? 그게 기독교잖아.
그러면서도 죽고 싶어하진 않고요. 천국행 보험은 살포시 들어놓고 쌔빠지게 자기 삶을 또 살고요?
그래! 그게 기독교인들 이지!

하지만 역시 소망 없는 세상이니,
개인적으론 꾸역꾸역 열-쉬미 살되
이 세상의 불의나 악에는
별 관심 없고요?
그래! 그러니
히틀러 정권 앞에서 교회가
아무런 행동도, 무슨 말도
할 수 없었겠지![1]
침묵만 하면 또 몰라.
기독교 스스로 저지르는 범죄는
왜 그리 자주 봐야 하지? 어차피 심판당할,
망할 세상이니 좀 더 어질러도
괜찮다 싶은 건가?
그래서…
복음서를 고발
하셨군요.
그래.
근데 일단… 복음서에서 말하는
'하나님 나라'는 그냥
죽음 이후의 삶 정도의
의미가 아닙니다.
하나님 나라?
…아니라고?

그럼 예수가 왜 굳이 부활했겠어요? 그냥 천상의 세계로 직행하면 될 것을.
부활…? 뭐, 부활해서 자기가 신이란 거 증명한 거 아냐?
난 부활같은 거 믿지도 않지만…
그럼 종말 때 기독교인 자신의 부활은요? 모두가 신이라고 증명하는 건가?
……
예수의 부활은 단순한 기적이 아니라…
하나님의 새로운 창조가 일어나기 시작했다는 분명한 표시였어요.[2]
새로운 창조? 뭔 소리야?

그니까, 검사님은 기독교의 소망이 땅에서 하늘로 올라가는 거라고 생각하시잖아요?
영원. 복락
불결. 불타 사라질 곳
근데 그 반댑니다. 아까 물어보신 그 주기도문대로…
…?
하늘의 뜻이 이 땅에서 이루어지는 것. 이 우주가 하나님의 선한 뜻대로 새롭게 재창조되는 것.
결국에는 그러한 새 하늘과 새 땅에서 부활한 육체로 살아가게 되는 것이 기독교의 궁극적 소망이라고요.
그것은 사판 검사에겐 생소한 개념이었다.
……
그니까 기독교인들은 창조세계는 포기하고, 영적인 구원만 바라는 머 그런 자들이 아니라…

만물이 총체적으로 구원받고 회복되는 날을 꿈꾸는 자들이란 겁니다.[3]
이건 베드로의 설교를 봐도 알 수 있지요.[4]
사도행전 3:21
… 선지자들의 입을 통하여 말씀하신 바 만물을 회복하실 때 까지는 하늘이 마땅히 그(예수)를 받아두리라
마가가 예수를 로마 황제까지도 넘어서는 통치자로 묘사한 것에는… 바로 그런 '온 창조세계를 회복하고 다스릴 왕'이라는 의미가 담겨 있었던 거죠.
이해가 안 되네… 고작 손톱만 한 '유대'라는 속국에 와가지고…
그나마 그 유대의 왕도 되지 못하고 로마 제국의 사형틀에서 죽은 사람을…
온 세상을 회복하고 통치할 왕으로 선포… 했다… 히야…
대체 예수가 뭘 했길래? 무슨 말로 사람을 홀려 놨길래?
사판 검사의 궁금증은 더욱… 더욱… 깊어져 갔다.

1. 물론 이것이 교회 전부는 아니었고, 나치에게 저항한 '고백교회'가 결성되었었다.

2. N. T. Wirght, 『마침내 드러난 하나님 나라』(IVP 역간), 128.

3. J. Richard Middleton, 『새 하늘과 새 땅』(새물결플러스 역간), 233-234.

4. J. Richard Middleton, 같은 글.

chapter.5

마가복음의 예수(1)

축귀, 치유

야 하몰. 계속 말만
예수 전승, 예수 전승
했는데…
나도 직접
들어나 보자
그 예수 전승이
대체 뭔지.
…여전히 조사 과정인가? 아니면
정말로 궁금해진 건가?
하몰은 사판 검사의
속사정이
궁금했다.
근데 난 착실하게 증언해줬는데,
검사님은 성서동물재단한테서
나 지켜주지도 않고…
이렇게 난 갇혀 있고…
니가 탈주하는 바람에
갇힌 거잖아, 시키야!
……
내가 저기…
성서동물재단이
너를 착취한 혐의가
있는지 조사 좀
해볼 테니까…

지…
진짜요?
그러니까 이 마가복음이
말하는 예수 전승에 대해
얘기 좀 해봐.
MARK
근데 계속
마가복음으로만
설명해요?
니가 역사성을
나름대로 증명해낸 게
마가복음밖에
없잖아.
알겠심다, 알겠심다.
그럼 마가복음 텍스트를
토대로 하되…
MAR
1세기 당시 역사 현장에
서서 읽으려고
용을 쓰면서…
MAR
예수에 대해
알아봅시다.

예수를 관찰할라믄,
두 가지 접근 방식이 있는데요…
하나는 당시 사람들에게 예수가
어떻게 비춰졌는지를 보는 거고.
①
다른 하나는 예수께서
자기 스스로를 어떻게 인식하셨는지
보는 거죠.
머부터 할래요?
②
당시 사람들의
시선에서부터 먼저
살펴보지.
오케이…
일단 예수에 대한
당시의 소문부터 들어
보면…1
엘리야
라든데?
예언자
라드라.
세,세례
요한이
살아났다!!
헤롯
안디바
근데 사실, 세례 요한도
비슷하게 비춰졌단 거
같으니…2
니가
엘리야가?
니가
예언자가?
니 먼데?
세례
요한
결국 당시 유대인들에게
예수의 이미지는 대체로
'예언자' 정도였던 거 같아요.3

이것은 대제사장에 의한 심문 장면에서도 나타나고…4
또 해봐!
예언자 짓거리 또 해봐
예수께서 스스로 그렇게 언급하기도 하셨다.5
예언자라도 지 고향 가면 대접 못 받는 법이지.
그럼 당시에 예언자는 어떤 사람이었는데?
다양했죠. 히르카누스처럼 직업적으로 예언자 역할을 한 사람도 있었고. 지위나 학식에 상관없이 등장한 민간인 예언자들도 있었으니까요.6
유대 왕 겸 제사장
JOHN HYRCANUS
BC 134-104
'드다'라는 예언자는 자기가 요단 강을 갈라지게 하겠다고 해서 추종자들을 모았고…7
THEUDAS
AD44-46?
어떤 '이집트인' 예언자는 예루살렘 성벽이 무너질 거라 예언했고, 자기 추종자들이 그렇게 예루살렘에 입성할 거라 했죠.8
THE EGYPTIAN
???

그리고 유대전쟁 때는, 성전 입구에서 '구원의 표적'을 보일 거라고 하면서 6천 명을 끌어모았던 예언자도 있었어요.[9]
다 사기꾼들이었구만.
뭐 그런 것보다… 이 예언자들이 그냥 예언만 한 게 아니라 하나같이 어떤 상징적인 행동을 한 게 특이하지 않나요?
흐음…?
전부 '약속의 땅'으로 들어가는 걸 상징하는 행동들이잖아요.[10]
…그럼, 예수의 행동들도 뭔가를 상징하고 떠올리게 했단 거야?
바로 그 점을 염두에 두고 마가복음을 읽으시면 상큼~한 게 있으실 겁니다.

상큼한 거 없기만 해봐…
자, 그럼 예언자로 비춰진 예수를 다시 또 두 가지 면으로 나눠볼게요.
하나씩 살펴봅시다. 먼저, 기적을 행하는 자로서의 예수!
기적행위자 예수
기적 행위자? 그 말부터 뭔가 구라의 기운이 감돌아…
구라 아니그든요?
ㅋㅋㅋ
뭐 대충 나도 알어. 병자 고치고, 물 위를 걷고, 귀신 내쫓고, 그런 거 아냐?
그르쵸.

그게
구라잖아!
우와…
진짜…
기독교쪽 자료 외에,
예수가 그런 기적
행했다는 기록 있어?
없잖아~
있습니다.
고거이 제가
간단하게
답변드릴게요.
요세푸스도, 심지어 기독교 비판자로
유명했던 켈수스도 예수의 능력에
대해 언급했었고요.[11]
…비범한 행위의 실천자…
…어떤 마법적 권능…
이교 마법 파피루스 기록에
등장하는 주문도
한번 보세요.[12]
…당신 앞에 환자를 두고 다음과
같이 주문을 외워라.
"나는 불 가운데 나타나고, 땅, 눈,
그리고 안개 가운데 있는
히브리인들의 하나님 예수,
이아바 이아에 아브라오트를 통해
너를 내쫓을 것이다…
당대에 예수는
이미 축귀사,
치유자로 충분히
알려져 있었단
증거죠.

아하. 그럼 뭐,
당시 흔했던 그런
'마법사', '주술사'
같은 거였구만?
어쨌든 구라네.
혼이 담긴 구라.
영적인 구라.
아니그든요!!
차이가
크그든요!
첫째, 당시 마법사들과는 달리
예수는 그걸 돈벌이에
사용하지 않았고요.
둘째, 당시 마법사들과는 달리
어떤 기도문이나 주문, 도구 같은
것도 사용하지 않았어요.
예를 들면, 당시의 유대인 퇴마사였던
엘레아자르는 주술적 효험이 있다는
나무 뿌리를 사용해서 축귀를
행했었거든요.13
아이구
냄새야…
그럼 예수는
뭐 어떻게 축귀를
행했는데?

가버나움 회당에서 축귀하신 장면을 하나 보면…
나사렛 예수여! 우리가 당신과 뭔 상관입니꺼! 우리 아작낼라고 왔습니꺼? 당신이 하나님의 거룩한 자인 줄 우리가 압니…14
시끄럽고 고마 나온나.15
으어어어어!!
걍… 나오라니까 나온 거죠.16
흠…
근데, 당시 마법사들과의 가장 큰 차이점은, 이런 축귀를 통해 의도하신 게 분명하단 점이에요.
의도한 것…?
아… 아까 얘기했던, 예수의 행동이 뭔가를 상징하고 떠올리게 했다?
그쵸! 한 장면만 더 보죠.
'거라사'라는 이방인 지역에서도 축귀를 행하셨는데…
니는 이름이 머꼬?17

지 이름은 '군대'이지라… 쪽수가 많아가꼬…[18]
군대: λεγιών
6천명 단위로 이뤄진 당시 로마군 단위
이 귀신들은, 그 사람에게서 빠져나가 근처에 있던 돼지 떼 2천 마리에게 들어가서 갈릴리 바다에 빠져 몰살됩니다.[19]
자, 귀신 이름에서 이방 제국의 '군대'를 떠올리게 하고…
그들이 돼지 떼 속에 들어가서 '바다에 수장'되었어요. 뭐 떠오르는 거 없으세요?
……
뭐… 모세 때 이집트 군대가 바다에 수장되었던 거…?

허억…
내가 설명하려고 걍 떠본 건데…
이제 보니 검사님 천재네? 보니까 이거 완전 캐릭터가 신학잔데?
아니야, 아니야, 그런 캐릭터 아냐.
아무튼, 거라사의 그 장면은 이스라엘 백성이 극적으로 구원을 경험했던 그 출애굽 사건을 충분히 떠올리게 할 수 있겠는데요…20
살았다…
살았다…
그런데 이번엔 그 사건이 이방인의 땅에서, 이방인에게 일어났단 말이죠.
갈릴리
거라사(?)
사마리아
데가볼리
유대
예루살렘
결국 예수를 통해, 이스라엘만이 아닌 온 세계가 악한 권세로부터 벗어나 구원에 이를 것이 암시되고 있는 거죠.
무엇보다도 축귀는 '구원의 날'에 일어날 상징적인 일이기도 했으니까요.
스가랴 13:2
…그 날에 내가…
거짓 선지자와
더러운 귀신을
이 땅에서 떠나게 할 것이라

흠…
그럼 축귀 말고 다른 기적들은?
축귀와 함께 마가복음에 정말 많이 등장하는 기적은 역시…
치유죠.
HEALING
아…
치유… 야, 근데, 너 분명히 예수가 주문이나 도구 같은 거 사용 안 했다, 그랬잖아?
근데요…?
뭐지, 그거… 달리다쿰? 에바다?
아, 네. 예수께서 치유하실 때 하신…
그래! 그게 결국 마법 주문이잖아. 치유할 땐 주문 썼구만!

검사님, 그거
주문이 아니고
그냥 말입니다
말.
아이고…
그냥
말…?
달리다 쿰
에바다
자, 고마
일어나라
소녀야.
열리뿌라![21]
이런 뜻의 아람어라고요.
아람어는 예수님과 제자들이
당시 쓰던 언어였고.
으음…
오케이, 근데 하나 더.
내 기억에는 예수가 치유할 때
침이나 진흙 같은 거
사용했던 거 같은데?
맞지?
…이햐…
우리 검사님,
그냥 넘어가는 게
없네.
침이랑 진흙
이거 완전
마법사잖어?
이 나귀 놈이
나를 아주
띄엄-띄엄-
보는구먼

자자, 그럼 침부터 함 봅시다. 일단 당시 그리스-로마 사회에서 침은 병 고칠 때 많이 사용했었는데요…22
퉷
근데, 유대 문헌을 보면 당시 유대인들도 침이 눈병을 치료하는 걸로 여기고 있었어요.23
TRACTATE BABA BATHRA
BABYLONIAN TALMUD
유대교 랍비들은 주술적인 걸 경계하고 금지했는데… 그런 그들의 문헌에 침으로 치료하는 내용이 있단 건, 뭘 말하겠어요?
음…
침이 주술적으로도 쓰인 건 맞지만, 당시 유대인들에게는 꼭 그렇게만 인식됐다고 보긴 어려운 거죠.
뭐, 침은 그렇다 치고, 그럼 진흙은?
…솔직히 좀 반칙이다. 진흙으로 치유한 얘기는 요한복음에만 나오는 건데…
자기가 마가복음으로만 하자 해놓고…
왜, 쫄리냐?

간단하게 짚고 가죠, 그럼. 요한복음의 그 장면은 맹인 눈에 침 뱉은 진흙을 이~뿌게 발라주시는 거잖아요?[24]
그래.
더러워 죽겠네…
근데 초기 교회 교부들은 여기서, 창세기에서 진흙으로 빚어졌던 인간 창조를 떠올렸대요.[25]
창조 사역?
이레나이우스
그러니까 재창조와 회복의 의미로 그 맹인의 눈을 고치고 새롭게 하신 거라고 본 거죠.
참 기가 막히게 끼워 맞추는구만…
그니까 사실 이게 마법이냐 기적이냐 하는 것보다 더 중요한 건…
예수께서 이 치유를 통해 의도하신 게 뭐냐는 거겠죠.
치유받은 사람들을 한번 보세요. 신체적으로 불구인 사람들은 온전한 이스라엘 사람으로 받아들여지지 못했고…[26]
ISRAEL

나병 환자는 율법에 의해 이스라엘 공동체에서 완전히 격리되어야 했죠.[27]
나병
성전
감람산
성전산
혈루증에 걸렸던 그 여인도 부정한 존재로 취급받으며, 사회적으로 기피 대상이었고요.[28]
밖에 나오지 말라고!
성전에서 예배할 수도, 사람들과 어울릴 수도, 하나님의 백성이라는 정체성을 가질 수도 없던 이들이었죠.[29]
그러니까 예수의 치유는, 단지 정상적인 신체로 고쳐지는 것을 넘어서서 이들을 사회적으로도 회복시키고,[30]
하나님의 백성의 지위를 회복시키는 것이기도 했던 거죠.[31]
치유도 결국 '구원의 날'에 일어날 일이었으니까요.[32]
이사야 35:5,6
그 때에 맹인의 눈이 밝을 것이며
못 듣는 사람의 귀가 열릴 것이며
그 때에 저는 자는 사슴같이 뛸 것이며
말 못하는 자의 혀는 노래하리니

근데, 치유로 '신의 백성' 지위를
회복시켰단 건,
쉽게 말해서…
유대교 성전 체제 내로
잘 복귀시켰단 거 아냐?
그럼 뭐 예수가 유대교를
도와주는 건가?
ISRAEL
치유?
아… 그기
그런 게
아니고요…
음…
예수께서 중풍병자를 치유하실 때
이런 말씀을 하셨어요.33
니 죄가
용서
받았다.
죄를
용서받아??
특이하죠?
그 말 땜에
같이 있던 서기관들이
발끈했죠.
유대인들은 죄를 사하는 권한이
하나님께만 있다고
생각했거든요.34
지가 먼데
죄를 사해?
어이가
없네.

좀 더 실제적으로 보면,
죄는 성전에서 치러지는
의식들을 통해
사해지는 것이었으니…
죄 용서
성전은 뭐
폼이야?
성전에서만 얻을 수 있었던 걸
이제 예수를 통해 대신
얻을 수 있게 된 셈이죠?35
!
오호… 호호… 그럼
성전 의미 없다?
X무시한 거네?
아니 뭐 꼭
X무시라기
보다는…
근데, 죄를
용서하는 게
치유랑은
뭔 상관이야?
음… 당시 유대인들은
질병이 죄 때문이라고 생각했을 테니,
전혀 상관없진 않았겠죠.
율법에 그렇게 나오거든요.36
계명을 어길 시에
폐병. 열병.
시력상실 등등
레 26:14-16
또, 이사야서엔 질병이 사라지고
죄 용서가 서로 연결되어서
나오기도 하는데…37
이사야 33:24
그 거주민은 내가
병들었노라 하지 아니할 것이라
거기에 사는 백성이
사죄함을 받으리라

근데, 이 예언은 하나님께서 메시아적 왕을 통해 다스리실 날에 일어날 일들에 대한 거거든요?38
죄 용서
질병 제거
요런 배경 속에서 보믄… 바로 그날이 도래했다는 상징적 행동을 하신 것이기도 했던 거죠.
자… 한번 정리해보면요, 하나님께서 메시아적 왕을 통해 다스리시는 시대가 도래하고 있어요.
MESSIAH
하지만 그 앞에는 기존의 어설픈 왕과, 낡아버린 성전 체제가 버티고 있고요.
HEROD ANTIPAS
TEMPLE
!
이런 구도 속에서 예수의 방향은, 새 시대에 함께할 자기 백성들을 먼저 모으는 것이었어요.
!!
HEROD ANTIPAS
TEMPLE
그러니 예수께선 치유를 통해서든, 축귀를 통해서든…

약하고 작은 자들을, 혈통에 상관없이
회복시켜서
진짜배기 이스라엘 백성들로
모으고 계셨던 겁니다.
그 말은…
기존의
유대교는
진짜배기가
아니었단 거구만.
그죠.
오히려
회복의 대상이
되어 있었던
거죠.
흠… 야, 근데
왕이 될 거란
사람치곤
너무 소극적인 거
아냐?
이렇게
찔끔~찔끔~
한 명씩 고치고…
이래서 뭘
하겠어?
나 같으면 공개적으로
수백 명 단위로 치유, 축귀
막 하고 다니면서,
갈릴리 호수에 쫙~ 모아가지고…
파이어!
파이어!
물 위로 축지법 촤~~ 걸어가서
국가 수립 딱 선포하면,
새로운 이스라엘을
선포하노라!!

게임 끝일 텐데.
와아아!!
우와아!!
예수 킹왕짱!!
……
검사님, 이제 보니 좀 얼라 같은 면이 있네요?
아니, 좀 과장해서 얘기하자면 그렇단 거지…
근데 그렇게 뒤엎을 수 있는 절호의 기회가 있긴 했어요.
그래? 언제?
그럼 '기적행위자로서의 예수'에서 마지막으로 이걸 다뤄 보죠. 5천 명을 한 방에 먹이신 오병이어 기적!
하필 제일 구라 같은 걸 내놓네, 이 나귀가…

1. 막 6:15; 8:28.

2. 요 1:21.

3. James D. G. Dunn, 『예수와 기독교의 기원(하)』(새물결플러스 역간), 234; N. T. Wright, 『예수와 하나님의 승리』(크리스챤다이제스트 역간), 261-267.

4. 막 14:65.

5. 막 6:4.

6. N. T. Wright, 같은 책, 247.

7. James D. G. Dunn, 같은 책, 235; Josephus, 『유대고대사』, 20.97; 행 5:36.

8. James D. G. Dunn, 같은 책; Josephus, 같은 책, 20.169-70; 행 21:38.

9. N. T. Wright, 같은 책, 248.

10. James D. G. Dunn, 같은 책, 235; N. T. Wright, 같은 책, 250.

11. James D. G. Dunn, 같은 책, 251; Josephus, 같은 책, 18.65; Origen, *contra Celsum* 1.28, 68.

12. C. A. Evans, 『만들어진 예수』(새물결플러스 역간), 207; Hans Dieter Betz, ed., *The Greek Magical Papyri in Translation, Including the Demotic Spells*, 2nd ed., 1:96.

13. C. A. Evans, 같은 책, 202; Josephus, 같은 책, 8.46-49.

14. 막 1:24.

15. 막 1:25.

16. 막 1:26.

17. 막 5:9.

18. 막 5:9.

19. 막 5:12-13.

20. 신현우, 『메시아 예수의 복음』(킹덤북스), 92-93.

21. 막 5:41, 7:34.

22. R. Guelich, 『WBC 마가복음(상)』(솔로몬 역간), 624-625.

23. Bava Batra 126b; George R. Beasley-Murray, 『WBC 요한복음』, 357.

24. 요 9:1-7.

25. 창 2:7; Irenaeus, 『이단을 반박함』, 15.2; George R. Beasley-Murray, 같은 책, 350-351, 357.

26. 1QSa 2:3-11; N. T. Wright, 같은 책, 304.

27. 레 13:46.

28. 막 5:25-26.

29. N. T. Wright, 같은 책, 304-305.

30. 신현우, 같은 책, 39.

31. N. T. Wright, 같은 책.

32. 마 11:2-6 참조.

33. 막 2:5

34. 막 2:6-7.

35. N. T. Wright, 같은 책, 667-668.

36. 신 28:20-22; 요 5:14 참조.

37. Rick E. Watts, 『신약의 구약사용 주석시리즈(1)』(CLC 역간)의 기고문, 344.

38. Rick E. Watts, 같은 글; 사 32:1, 33:22-24.

chapter.6

마가복음의 예수(2)

목자, 교사

뭘 또 제일 구라 같애요… 이래 봬도 4복음서에 다 등장하는 유니~크한 전승인데.[1]
MATT
MARK
LUKE
JOHN
유니크하고 자시고, 이 기적이 왜 왕이 될 기회였단 거야?
일단 그때가 좀 살벌한 상황이었어요.
오병이어 기적 바로 앞에, 유력 인사들이 모인 헤롯 안디바의 생일 잔치가 나오는데…
21절
28절
32절
44절
마가복음 6장
여기서 안디바의 명령으로 세례 요한의 목이 잘리거든요.[2]
벌써 또 비교가 되죠?[3]
권력자들 앞에서 죽음의 잔치를 벌인 왕
평범한 사람들에게 생명의 잔치를 베푼 왕
흠…
암튼, 많은 유대인들이 따랐던 요한이 처형당한… 일촉즉발의 상황이 벌어진 거예요.

당연히 안디바는
제2의 세례 요한처럼 보이는
예수가 어떤 액션을 취할지,
긴장 타면서 주시하고 있었을 거고…[4]
봉기를 일으킬
삘인데…
예수에게 모인 유대인 군중들 역시,
요한을 죽인 안디바에게 대항해서
그가 뭔가 행동을 보여주길
기대하고 있었겠죠.[5]
실제로 요한복음의 오병이어 장면에선
군중들이 예수를 왕으로 추대하려고 한
내용이 나오거든요.[6]
메시아!!
놔라.
메시아!!
게다가 당시 모인 5천 명이라는 게
남자 장정 수만 센 거니…
그대~로 군대 조직해도
그림 쫌 나왔겠죠?[7]
5,000명!
흠… 5천 명이 밤에 기습하면
안디바 궁궐 정도는 쉽게 접수할 수
있었겠네.
그쵸. 그리고 이미 예수께선
그 군중들을 100명, 50명씩
편성해서 앉으라고 명령하셨는데…[8]
100
50
100
50
50
50
100
50
50
50
100

여기서 쓰인 '명령'이란 단어는 당시 군사령관이 병사한테 명할 때 사용되던 용어거든요.[9]
ἐπιτάσσω
에피탓소 : 명령하다
뭐야 그럼, 그게 무슨 군대 도열이었어?
줄 똑바로 맞춥니드아악!!
까딱까딱 하지 않습니다.
베드로
야고보
음… 하지만 예수께선 군중들을 다 먹이시자마자 즉각 모두 돌려보내십니다.[10]
왜…? 갑자기 자신감 떨어졌나?
아뇨, 애초에 그런 의도로 오병이어 기적을 행한 게 아니었으니까요.
예수께서 그 군중들을 처음 보셨을 때의 심정은 사령관의 심정이 아니라,
길 잃은 양들을 보는 '목자'의 심정이었으니까요.
"큰 무리를 보시고 그 목자 없는 양 같음으로 인하여 불쌍히 여기사…"
막 6:34

그럼 왜 막 명령해서
100명, 50명씩
편성시킨 거야?
그건
오히려…
출애굽 당시 이스라엘 백성의
광야 생활을 떠올리게 하려는
것일 수 있어요.
광야에서 이스라엘 백성들은
100명, 50명씩 나뉘어
백부장, 오십부장의
관리를 받았고. 11
100
50
그들을 약속의 땅으로 이끌었던
모세 역시 '목자' 같은
존재였으니까요. 12
모세
흠…
목자라…
중동 지역에서 머물며 오래도록 연구한
신약학자 베일리에 따르면, 길 잃은 양은
극도의 불안 증세를 보인다고 한다. 13
베일리

그 때문에 제대로 걸을 수가 없어서, 목자가 업고 데려와야 한다고 한다.14
삶 속에서 온갖 불안한 정세와 상황들에 놓인, 홀로 서는 것조차 힘든 그런 평범한 존재들을…
예수께선 목자로서 들쳐 업으신 거죠.
그리고 마치 시편 23편의 내용처럼, 이들을 푸른 풀밭으로 데려와 누이셔서…15
"그 모든 사람으로 떼를 지어 푸른 잔디 위에 앉게 하시니"
막 6:39
헤롯 안디바와 같은 원수의 목전에서도 먹이시고 회복시키신 겁니다.16
으음… 그러면 하몰.

교회가 그런
푸른 풀밭 같은
곳이어야겠네?
아…
그… 렇죠…
헙…
근데, 왜
지금의 교회는
예수가 가난하고
평범한 사람들을
먹이고 쉬게 했던
푸른 풀밭보다는…
안디바의 생일 잔치 같은,
성공하여 영향력 있는 자들의 모임에
더 어울려 보일까?
어…
그… 건…
하몰은 할 말이 없었다. 사판 검사의 말은
질문이라기보다는, 현실의 교회에 대한
따끔한 일침이었기 때문이다.

뭐… 사실 그렇죠. 오병이어 기적은 양들을 먹이고 회복시키는 목자를 떠올리게 하기보단…
꿈을 이루거나, 사업 대박 난 소수의 기독교인들이 간증에 주로 써먹히니까.
“하나님 돈이 내 돈”
XXX대표 초청 간증집회
여러분도 믿고 기도하면 저처럼 오병이어의 기적을…
그니까… 검사님이 복음서 고발한 건 좀 헛다리 짚었다… 싶습니다.
…?
뭔 소리야 그건 또?
기독교인들의 악행의 근원이 복음서라고 하셨담서요? 근데 그게 말이 안 되는 게…
벌써 감이 오셨겠지만, 기독교인들이라고 다 복음서를 관심 있게 보는 게 아이그등. 잘 안 봐. 그니까 복음서 때문일 수가 없어, 애초에.

오히려 그 반대죠.
복음서가 대다수 기독교인들에게
진짜 제대로 읽혔다면,
THE FOUR GOSPELS
교회가 현재든, 역사 속에서든,
그렇게 많은 악을 저지르거나,
악행에 동조하거나 하는 추한 모습을
보이진 않았겠죠.
웃기지 마라, 이 나귀야! 교회에서
복음서가 2천 년 가까이 읽혀왔는데
아직도 제대로 못 읽혔다니,
그게 말이야 방구야?
물론
방구 같지만…
이게 또 나름의
이유가 있습니다.
꽤 많은 기독교인들은, 날 천국 가게 해주고
지금 내 기도를 들어주는 '신적 존재'로서의
예수를 원하니까요.
그러니 예수께서 이 땅에서 어떻게
사셨는지, 무슨 가르침을 전하셨는지,
뭐 이런 건 굳이 알 필요성을
못 느끼는 거죠.

복음서에선 예수가 처녀 몸에 잉태되신 사건과 십자가 사건, 그 두 가지만 잘 알고 있으면 나머진 안 읽어도 신앙에 별 지장을 안 주니까.
신적 존재라는 증거
구원 받고 천국 갈 근거
안타깝게도 이것이 오늘날 교회 안에 광범위하게 퍼져 있는 인식이다.
지금 제가 예수님과 교제하고 있는 거… 그게 중요한 거 아닌가요? 역사 속 예수님을 굳이…
그리고 복음서의 예수님 가르침은… 무슨 윤리적 해답을 주시려는 게 아니라, 우리가 얼마나 약한 죄인인지를 깨닫게 해주시려는 거였다고 생각해요.
복음서는 삶의 지침 같은 게 아니다?
그죠. 영적으로 봐야죠.
좀 달리 얘기하면, 기독교만의 윤리적 기준 같은 건 없다는 얘기죠?
노 코멘트.
음… 그러면 예수님을 따른다는 건 대체 뭘까요?
그날 그날 기도하면서 주님께 물어봐야죠.

좀 달리 얘기하면,
복음서를 안 읽고도
예수님을 따르는 게
가능하단 거군요?
노
코멘트.
아놔…
자, 그럼 이쯤~에서
다음 주제로 넘어가
봐야것네요.
'교사 예수'에 대해
함 알아봅시다.
그럼 대체 예수는 뭘
가르친 것인가?
교사 예수
가만…
교사 예수 하니까
생각난 건데…
예수는 문맹 아녔어? 글도 모르고
정식 교육도 받은 적 없는
갈릴리 촌사람이잖아.

하… 그런 건 또
어디서 주워들으셨을까?
참나, 당시 로마 제국 내에서
읽고 쓸 줄 아는 사람이 극소수였단 건
상식 아니냐?17
예수는 그중에서도
시골 중의 시골에 산 사람인데
글을 알았을 리가 없잖아.
로마 제국
시골 갈릴리
더욱 시골 나사렛
근데, 복음서에 보면
예수께서 안식일에 회당에서
예언서 읽으시는 장면이
나오는데요?18
그니까 그 장면은
구라라는 거지, 이 나귀야!
복음서 저자가 예수를
권위 있어 보이게
하고 싶었겠지!
오와…
또 빡치네…

일단, 로마 제국 상황을 유대인 사회에 고대로 갖다 붙일 순 읎스요, 검사님.
어째서?
요세푸스의 기록이나 유대 문헌에 보믄, 유대인들은 어릴 적부터 율법을 읽도록 부모한테 교육받아야 한다고 나오그든요.[19]
게다가 1세기의 대제사장 중 한 명인 '감라의 여호수아'는 모든 마을에 학교 교육을 열어서, 여섯 살 이상의 아이들은 의무적으로 율법 교육을 받게 하기도 했고요.[20]
오직 교육!
여하간 예수께서도 부모로부터 율법 교육 정도는 받았을 거란 말이죠.
또 회당에는 최소한 모세오경 두루마리 하나쯤은 있었고… 안식일마다 읽혔으니 자연스럽게 학습될 수 있었을 거고요.[21]
검사님이 시골 중의 시골이라 하신 그 나사렛에도 회당이 있었단 건 마태, 마가, 누가의 공통된 증언이니까요.[22]

암만 그래도 예수 같은 갈릴리 촌사람을 선생으로까지 생각했겠냐 말이지.
생각했겠죠. 그러니까 예수가 '랍비'로 불린 거 아니긋으요?[23]
רַבִּי
(rabbi)
아람어로 '선생'을 가리켰던 호칭
자기 제자들을 모으고…
회당에서 가르치고…[24]
다른 서기관, 율법학자들과 대등하게 논쟁을 벌이는 모습은 머 그야말로 랍비였으니까요.[25]
……
하지만 랍비로 비춰지면서도, 예수의 가르침 자체는 당시 유대 교사들의 일반적 수준을 넘어서는 것이었어요.

하…
오히려
그 이상
이었다고?
가르침 스타일부터
아~주 독특한 면이
있으셨그등요.
뭐가 또
그렇게
독특할까…?
아멘 레고 휘민.
…아멘…
뭐?
Ἀμὴν λέγω ὑμῖν
?
'아멘, 내가 너희에게 말한다'는
의미예요.[26]
진실로 너희에게
이르노니…
개역개정판엔
이렇게
예수께서
가르치실 때
꽤 자주 사용하신
화법이죠.
…그게
대체 어디가
독특하단
거야?[27]

보통 '아멘'은 설교자가 뭐라고 선포하면, 거기에 맞춰 화답하는 말이잖아요?
주님을 따르시겠습니까?
……
아니면 주님을 거부하시겠습니까?
아멘~
…그런데 예수께선 자기 자신의 말에 이 '아멘'을 붙이셨단 말이죠.28
아멘, 내가 너희에게 말한다!
아 ㅁ…
이미 하셨어…
이렇게 '아멘' 하면서 말을 시작하는 건, 복음서 외에는 다른 신약 부분이든, 구약이든, 유대 문헌이든 어디에도 유래가 없어요.29
'Αμὴν …
ⓒ예수
흠… 예수만의 표현이라… 근데 그 뒤에
'내가 너희에게 말한다'는 좀 평범하지 않나?
음… 보통 예언자들은 자기 말에 권위를 두지 않고, 하나님으로부터 온 말씀이란 걸 강조하잖아요?30
그래서?

그거랑 비교해서 보시믄
좀 느낌 오실 거예요.[31]
주께서 너희에게 이렇게 말씀하신다…
내가 너희에게 말한다…
자기 말 자체에 권위를 두고 있다는 거야?
그쵸! 이게 다른 예언자들과 상당히 다른 지점이죠.[32]
머 이것 말고도, '들으라'는 말로 자신의 가르침에 청중들을 집중시키기도 하셨고…[33]
들으라
뇌리에 팍팍 꽂힐 만한 비유나
비유적 행동으로도 가르치셨죠.[34]
암튼 이렇게, 예수께선 제자들이 잘 기억할 수 있도록 특별한 방식으로 가르치셨고… 그건 그만큼 자신의 가르침에 중요한 의미를 두셨단 얘기겠죠.[35]
큭큭… 중요한 의미를 두면 뭐하나. 정작 기독교인들 다수는 중요하게 생각 안 하는데.

아… 그니까
복음서를 오해해서
그래요…
이거 참…
물론 복음서의 가르침을 부차적으로
여기는 이들도 나름의 근거는 있다.
그럼 저도
질문 하나만.
예.
예수님의 가르침이
복음서엔 좀
나오지만, 그 뒤에
바울 서신으로
넘어가면
왜 안 나오죠?
근거 1
그건 결국 초기 교회가
점점 십자가의 구원 같은
핵심 진리에만 집중하게 되었단
증거가 아닐까요?
가르침보다는.
초기 교회의 관심사…?
복음서
바울서신
복음서가 먼저
쓰였나요,
바울 서신이
먼저
쓰였나요?
어…
바울 서신
이죠.
그럼…
말씀하신 것과…
거꾸로인데요?
아!
그러네요.
방금 건
편집해주세요.

첫 번째 것은 앞뒤가 안 맞는 근거여서 탈락.
……
좋아요, 가르침이 중요하다고 칩시다. 근데…
너는 그대로 지킬 수 있냐?
산상수훈 같은 가르침대로 진짜 살 수 있냐고오!!
헉… 아, 아니요…
근거 2
가르침 그대로 완벽하게 지켜야만 구원받는다는 건 율법주의죠.
물론이죠… 전적으로 동의…
아마도 그래서 바울 서신이 먼저 쓰였고 그다음에 복음서가 쓰인 거 아닐까요?
…뭔 소리예요?
먼저 십자가의 구원이 있은 다음에야, 예수님의 가르침들이 의미를 갖게 된다는… 소립니다.

그러니까, 예수님의 가르침은 이미 구원받은 자들, 제자된 자들을 향한 그분의 요구라는 거죠.
아…
두 번째 근거는, 예수의 가르침을 율법적으로 오해한 데서 기인한 것이므로… 역시 탈락.
급방긋
그런 거라면 오케이!
어, 잠깐.
어찌됐던… 결국 나한테는 요구하시는 거잖아…?
아… 피하고 싶다…
그나저나, 이제 사판 검사는…
공격할 거리가 거의 바닥나고 있었다.
허어어…
인제 고마… 기소 포기하셔야 겠는데요, 검사님?
제 답변이 복음서 기소에 하나도 도움이 안 되니 이거 뭐…

주

1. 마 14:13-21; 막 6:32-44; 눅 9:10-17; 요 6:1-15.

2. 막 6:27-28.

3. Kenneth E. Bailey, 『선한 목자』(새물결플러스 역간), 231.

4. Kenneth E. Bailey, 같은 책, 245; 막 6:14-16.

5. Kenneth E. Bailey, 같은 책, 243.

6. 요 6:15; Kenneth E. Bailey, 같은 책, 259-260.

7. 막 6:44; Kenneth E. Bailey, 같은 글.

8. 막 6:39-40.

9. Kenneth E. Bailey, 같은 책, 254.

10. 막 6:45-46.

11. 출 18:25; 신현우, 『메시아 예수의 복음』(킹덤북스 역간), 114.

12. 민 27:16-17; 신현우, 같은 글.

13. Kenneth E. Bailey, 같은 책, 61.

14. Kenneth E. Bailey, 같은 글.

15. Kenneth E. Bailey, 같은 책, 262-263.

16. 시 23:5; Kenneth E. Bailey, 같은 글.

17. Richard A. Horsley, 『갈릴리』(이화여자대학교출판부 역간), 238.

18. 눅 4:16-21.

19. James D. G. Dunn, 『예수와 기독교의 기원(상)』(새물결플러스 역간), 430-431; Josephus, 『아피온 반박문』, 2.204; 「레위 유언서」, 13.2.

20. Alfred Edersheim, 『메시아(1권)』(생명의말씀사 역간), 425; Bava Batra 21a.

21. Gerd Theissen, 『역사적 예수』(다산글방 역간), 514.

22. Gerd Theissen, 같은 글; 마 13:54; 막 6:2; 눅 4:16.

23. 막 5:35; 10:17, 51; 11:21; 12:14; 14:45

24. Gerd Theissen, 같은 책, 513; 막 3:13-15; 1:21; 6:2.

25. Gerd Theissen, 같은 글.

26. James D. G. Dunn, 『예수와 기독교의 기원(하)』(새물결플러스 역간), 288-290.

27. James D. G. Dunn, 같은 글.

28. James D. G. Dunn, 같은 글.

29. Joachim Jeremias, 『신약신학』(크리스챤다이제스트 역간), 68-69.

30. James D. G. Dunn, 같은 책, 291.

31. James D. G. Dunn, 같은 글.

32. James D. G. Dunn, 같은 글; Joachim Jeremias, 같은 글.

33. 막 4:3, 9, 23; 7:14; R. Riesner, 『예수 복음서 사전』(요단 역간)의 기고문,

560-561.

34. 막 4:3-29; 11:12-14; R. Riesner, 같은 글.

35. R. Riesner, 같은 글.

chapter.7

하나님의 아들 예수

복음서 너덜너덜하게 만들라다가 검사님이 너덜너덜 해지는 거 가타서…
쫌 딱하기도 하고…
화르르-
하…모…올…
허… 허억!
일단 인정한다. 예수가 귀신 쫓고, 치유하고 사람들 먹이고, 가르치기도 했던 아주 출중한 1세기 예언자였단 거, 인정한다고.
하지만 그렇다고 신적 존재는 아니지.
기독교 신앙의 기반이 결국 그거 아냐? 예수가 '하나님의 아들' 이란 거.
… 그죠…

근데 예수가 스스로 그렇게 생각한 게 아니라, 기독교인들이 예수를 신성화하기 위해 붙인 개념이라면?
하몰은 살짝 당황했다.
……
사판 검사는 가장 강력한 칼날을 밑바닥에 숨겨뒀던 것이다.
자, 하몰아 대답해봐라. 예수가 자신을 가리켜 '하나님의 아들'이라고 스스로 말한 적 있나?
음…
제가 검사님을 아빠라고 부르면, 저는 검사님의 뭐가 되죠?
왜 내가 니 아빠야…
…아들이지 뭔 소리 하는 거야?
그럼 예수께서 하나님을 아바 아버지로 부르셨다면?
아바 아버지…?

예수께서 십자가에 달리시기 직전에 겟세마네에서 하신 기도에 나오는 말인데요…1
여기서 '아바'는 아람어예요. 그니까 마가는 여기서 예수께서 사용하셨던 언어 그대로 기록한 셈인데…2
αββα
아바 : '아버지'란 뜻
그 말은, 베드로를 통해 마가에게 전해진 예수 전승에서 이 '아바'라는 말이 그만큼 중요하고 인상적이었단 거겠죠?3
아바…
아바!
아바!!
…그게 뭐가 인상적이지?
구약이나, 당시 유대 문헌에선 하나님을 이렇게 개인적으로 '아바'라고 부르며 기도한 선례를 찾아보기 힘들그등요.4
?
?
구약
유대 문헌
아바
근데, 예수께선 거의 항상 하나님을 '아버지'라 부르며 기도하셨으니… 상당히 생소했겠죠?5
아버지…
우째 저래 아무렇지도 않게 하나님을 아부지라고 부르신다냐?

이건, 예수께서 자신을 하나님의 아들로 생각하지 않으셨다면 있을 수 없는 일 아니굿으요?
글쎄…
물론 직접 자신을 '아들'로 지칭하시기도 했고요. 요런 구절을 보믄 말이죠.[6]
마가복음 13:32
…그 날과 그 때는 아무도 모르나니 하늘에 있는 천사들도, 아들도 모르고 아버지만 아시느니라
글쎄, 그냥 신과의 친밀한 관계를 그렇게 표현한 거 아닌가?
신을 친밀하게 생각한다고 그 사람이 자동으로 신적인 존재가 되는 건 아니잖냐, 나귀야?
……
그게 단지 생각만이 아니란 걸 증명한 게 부활이죠!
또 부활 나왔다…
그분이 진정한 메시아이자 '하나님의 아들'이란 것이 '부활'로 입증됐다는 게 초기 기독교의 이해이기도 했고요.
베드로
이 예수를 하나님이 살리신지라… …주와 그리스도가 되게 하셨느니라. (행 2:32, 36)
바울
…죽은 자들 가운데서 부활하사 하나님의 아들로 선포되셨으니… (롬 1:4)

……
가만…
이거 생각해보니
좀 이상하네.
예수가 부활했다 치더라도,
부활한 거랑, 하나님의 아들이란
거랑… 뭔 상관이지?
부활
하나님의 아들
부활이 어째서
예수가 하나님의 아들
임을 입증한다는
거야?
어…
예를 들어보자. 유대인 저술가 중에
'핀카스 라피데'란 사람은
실제로 예수의 부활을 믿어.
근데 기독교인은 아냐.[7]
Pinchas Rapide
1922-1997
왜냐하면 라피데한테 예수의 부활은
예수가 '하나님의 아들'이란 의미로
전혀 받아들여지지 않거든.
이건 어떻게 생각하냐?
예수는
당시 주목받아야만
했던 위대한
예언자였다.[8]

그리고 다시 생각해보니 너도 그랬잖아? 예수의 부활은 신이란 걸 증명하기보단, 새창조의 의미라며?
아… 예예…
절대 안까묵네…
그니까 이런 거죠. 당시 유대 사회에서 '부활'이 곧바로 '하나님의 아들'이나 '메시아'라는 의미로 직행하는 건 분명 아니었어요.[9]
부활
하나님의 아들
뭐, 성경 속에서만 해도 부활한 사람이 예수 말고도 몇몇 있으니까요.[10]
나사로
야이로의 딸
수넴여인의 아들
하지만 초기 기독교인들에게 예수의 부활은, 그분이 '하나님의 아들'이란 결론을 짓게 했단 것도 분명한 사실이에요.
그럼 그 사이에 어떤 배경 이해들이 분명 작용을 했단 거겠죠?
예수는 부활했다
예수는 하나님의 아들이다
하하, 대체 무슨 배경 이해가 있기에 그 거대한 틈이 메꿔질까?

이거
대답 못하면
난 이 포인트를
재판에 잘~
써먹도록 하마.
하몰에게
마지막 숙제가
던져진 듯
했다.
후우…
검사님, 우리 이래 하입시다.
이거 제가 똘똘하게 대답 몬하믄
재판에 잘 써무세요.
그 대신…
그 대신…?
만약 제가 잘 설명해내믄,
일단 저 풀어주시고…
복음서 고발도 포기하시고…
그리고 제 손 잡고
교회 함
가입시다.
……

…그래 좋다.
해봐라,
한번.
좋십니다… 일단 당시 유대인들이
'부활'을 어떻게 생각했는지부터
알아봅시다.
그래, 그것부터
좀 이상하네.
…예?
유대인들이 원래부터
부활 신앙을 갖고 있었던 건
아닌 걸로 아는데?
구약엔 그런 거 없잖아?
부활??
구약
성경
흠…
과연 그럴까요?
구약부터 살펴봅시다 그럼.
아담과 하와가 쫓겨나는 데서
출발해봅시다.
근데 이 그림…11
에덴에서 추방됨
죽음 상태

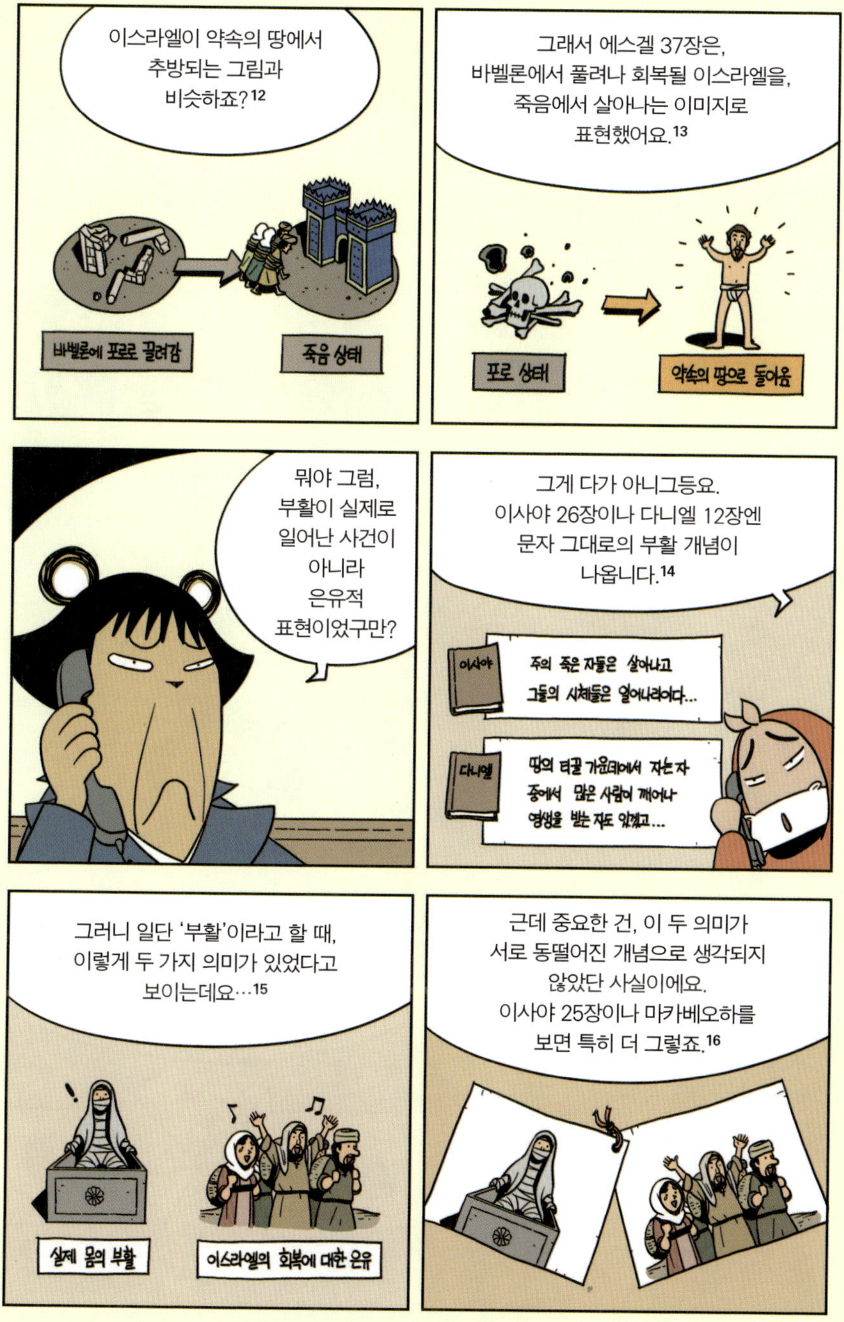
이스라엘이 약속의 땅에서
추방되는 그림과
비슷하죠?[12]
바벨론에 포로 끌려감
죽음 상태
그래서 에스겔 37장은,
바벨론에서 풀려나 회복될 이스라엘을,
죽음에서 살아나는 이미지로
표현했어요.[13]
포로 상태
약속의 땅으로 돌아옴
뭐야 그럼,
부활이 실제로
일어난 사건이
아니라
은유적
표현이었구만?
그게 다가 아니그등요.
이사야 26장이나 다니엘 12장엔
문자 그대로의 부활 개념이
나옵니다.[14]
이사야
주의 죽은 자들은 살아나고
그들의 시체들은 일어나리이다...
다니엘
땅의 티끌 가운데에서 자는 자
중에서 많은 사람이 깨어나
영생을 받는 자도 있겠고...
그러니 일단 '부활'이라고 할 때,
이렇게 두 가지 의미가 있었다고
보이는데요…[15]
실제 몸의 부활
이스라엘의 회복에 대한 은유
근데 중요한 건, 이 두 의미가
서로 동떨어진 개념으로 생각되지
않았단 사실이에요.
이사야 25장이나 마카베오하를
보면 특히 더 그렇죠.[16]

그러니까 1세기 당시 유대인들에게 '몸의 부활'은, 이스라엘이 회복될 '구원의 날'에 일어날 일로 생각됐을 겁니다.
부활이 일어났다
구원의 날이 왔다
제자들이 부활한 예수께 던진 질문을 봐도, 당시 유대인들의 이러한 부활에 대한 이해를 엿볼 수 있다.[17]
이스라엘 나라를 회복하실 때가 지금입니까?
그건…
물론, 나사로의 부활 같은 다른 사례들은 예수의 부활처럼 여겨지진 않았을 것이다. 이들은 결국엔 늙어서 다시 운명했을 것이기 때문이다.
나사로
야이로의 딸
수넴여인의 아들
야, 근데 부활이 그런 거였다면, 어째 더 멀어진 느낌인데?
예수는 부활했다
예수는 하나님의 아들이다
아니죠, 검사님. 그런 배경 이해 때문에 제자들에게 '질문'이 생겼다는 게 포인트예요.
제자들이 부활이나 메시아에 대해 원래부터 갖고 있던 이해가, 예수의 죽음과 부활이란 상황과 부딪힌 겁니다.
배경 의미
벌어진 상황

메시아는 이방의 압제자들에게
처형당해 죽을 존재가 아니라,
오히려 그들을 물리칠 존재로
생각됐었고…
그 '구원의 날'에 일어날 부활도
전체적인 일이었지,
메시아 개인에게만 먼저 일어날 일로
생각된 적이 없었으니까요.[18]
…
그러니 당연히
제자들에게 질문이
많이 생겼겠죠.
이게 다
뭔 일인가?
그분은
진정 누구신가?
이제 뭐
어떻게 되는 건가?
결국 제자들은 예수께서 하셨던 말씀과
행적을 찬찬히 돌아보고,
구약성경을 다시 뒤지면서
퍼즐을 맞춰나갔을 겁니다.
그
결과로…
부활·메시아에 대한
제자들의 이해
예수의 죽음과
부활
질문들
예수에 대한 기억
구약 성경 재해석
결론
'예수는
하나님의 아들
이시다'까지
도달했겠죠.
큭큭… 대체 어떤
퍼즐 조각이 있어야
그런 엄청난 결론까지
가려나? 응?

제가 볼 때, 제자들에게 필요했던 퍼즐 조각은 딱 두 가집니다.
첫째, 예수께서 시편 110:1을 자신에게 적용하시며 수차례 말씀하셨던 내용.[19]
1. 하나님의 오른쪽에 앉을 메시아
둘째, 예수께서 하나님을 '아버지'로 인식하셨고, 항상 그렇게 기도하신 것.
αββα
2. 하나님을 아버지라 부름
…그게 뭐 어쨌다고?
들어보세요, 일단~
자, 첫 번째 퍼즐은 시편 110:1 본문인데요. 놀랍게도 이 구절은 신약에서 제일 많이 인용·암시된 구약 구절이고…[20]
시편 110:1
…내가 네 원수들로 네 발판이 되게 하기까지
너는 내 오른쪽에 앉아 있으라…
최다 인용
특히 예수께서 잡히셨을 때 인용하신 말씀이기도 해요.
하… 니가 찬송받을 분의 아들, 메시아라고??[21]

그래,
그게 내다.
인자가 권능자의 오른쪽에 앉은 것과 하늘 구름을 타고 오는 걸 느그들이 볼 것이다.[22]
이 장면을 숨어서 지켜봤던 베드로는 그 말씀을 생생하게 기억했을 것이고…
하나님의 오른쪽에…?[23]
예수께서 부활, 승천하신 이후 그 말씀을 다시 떠올려봤겠죠.
아…
그럼 지금 부활하신 몸으로 하늘에 오르신 것이
그때 말씀하신, 하나님의 보좌 오른쪽으로 가게 되신 것이구나![24]
그리고 이 시편 110:1은 예수께서 성전에서 가르치실 때도 인용하셨었는데… 이때 예수께선 그 '하나님 우편에 앉을 존재'가 '메시아'라고 직접 말씀하셨어요.[25]
하나님 우편에 앉는 자
메시아
헬라어로 '그리스도'
결국, 초기 기독교인들은 이런 과정을 통해서 예수를 '메시아'로 충분히 확신할 수 있었을 겁니다.
부활·승천
하나님 우편에 앉는 자
메시아

그럼 그냥 메시아네?
오호! 거기까진 인정하신 겁니까?
아니, 어쨌든 '하나님의 아들'은 아니잖아?
대제사장이 요러케금 질문한 거 아까 보셨잖아요~ '메시아'와 '하나님의 아들'은 연관 있는 개념이란 거 아니긋으요?
하… 니가 찬송받을 분의 아들, 메시아라고??26
대제사장은 그냥 '니가 메시아냐'라고 했는데, 마가가 거기다 덧붙였을 수도 있지!
아~~!! 이런 의심쟁이!!
정당한 의심이다, 이눔아! '메시아'와 '하나님의 아들'이 연관되었다는 증거가 신약성경을 제외하면 있어? 있냐고?
있슘미다.

……
있다고?
구약에 보믄,
하나님께서 다윗 가문의 왕손을
'아들'이라 부르시는 부분이
사무엘하 7장이나, 시편 2편에
나오는데요…27
…그는 내게 아들이 되리니…
…너는 내 아들이라…
쿰란 문헌들에서는 여기의
'아들'이 '메시아'를 가리키는 것으로
해석되었그등요!28
하나님의 아들
종말의 메시아
……
초기 기독교인들도 이런
구약의 구절들을 통해서 생각이
더 나아가게 됐을 겁니다.
너는 내 아들이라…?
이스라엘의
왕을…
메시아를…
하나님께선
'내 아들'이라고
부르셨네?

그리고 바로 여기서,
우리의 두 번째 퍼즐님이
등장하죠!
αββα
아!
그러고 보니!
예수님께선
특이하게도
하나님을 줄곧
'아버지'라고
부르셨었잖아?
헉…그럼…
진짜 '아들'
이셨던 건가!!
그러니까 초기 기독교인들은
이렇게 구약성경의 말씀들과
예수께서 하셨던 말씀들을
통해서…
예수는 처음부터
메시아이자, 하나님의 아들로
이 땅에 오신 분이셨단 것을
깨닫게 되었을 겁니다.
사판은 면회실 수화기를
힘없이 떨구었다.
하몰과 손잡고 교회에 가는 것까지 내기에
포함시킨 건 너무 경솔한 선택이었다고,
그는 스스로를 자책했다.
ㄲㅇㅇㅇ응…

주

1. 막 14:36.

2. James D. G. Dunn, 『예수와 기독교의 기원(하)』(새물결플러스 역간), 307-308.

3. James D. G. Dunn, 같은 글.

4. 이형일, 『예수와 하나님의 아들 기독론』(새물결플러스 역간), 147-167; Joachim Jeremias, 『신약신학』(크리스챤다이제스트 역간), 104-108.

5. 이형일, 같은 글; Joachim Jeremias, 같은 글.

6. 이형일, 같은 책, 175-179.

7. N. T. Wright, 『하나님의 아들의 부활』(크리스챤다이제스트 역간), 1111-1112.

8. N. T. Wright, 같은 글.

9. N. T. Wright, 같은 책, 897.

10. N. T. Wright, 같은 글.

11. 창 3장.

12. N. T. Wright, 같은 책, 214-216.

13. 겔 37:1-14; N. T. Wright, 같은 책, 212.

14. 사 26:19; 단 12:2; N. T. Wright, 같은 책, 195, 207.

15. N. T. Wright, 같은 책, 341.

16. 사 25:6-8, 10; N. T. Wright, 같은 책, 207-8, 339.

17. 행 1:6.

18. N. T. Wright, 같은 책, 343.

19. 막 12:35-37; 14:61-62.

20. 이형일, 같은 책, 265.

21. 막 14:61.

22. 막 14:62.

23. 막 14:54

24. 이형일, 같은 책, 256.

25. 막 12:35-37.

26. 막 14:61.

27. 삼하 7:14; 시 2:7.

28. C. A. Evans, 『WBC 마가복음(하)』(크리스챤다이제스트 역간), 694; 삼하 7:14는 4Q174 3:11-12에서 해석; 시 2:7은 1QSa 2:11-12에서 인유.

chapter.8

십자가에 달린 예수 따르기

마침내
사판은 복음서를 '혐의 없음'으로 불기소 처분했다.
……
그리고 하몰도 무죄 석방되었다.
그러나 하몰과 했던 약속은 거기까지만 지켜졌고…
아… 추워…
사판 검사는 사라졌다.
치사하네… 교회 가기로 한 약속만 딱 쌩까고… 으 춰…
어쨌든 하몰은 그동안 읽고 싶었던 책도 사고.

카페에서 따뜻한 아메리카노를 마시며
자유를 즐겼다.
음…
어우 써!
해방되니
조으냐?
어,
검사님!!
…나도 좀
해방시켜
줘라.
…??

사판은 하몰을 자신의 집으로 초대했다.
사판이 마실 것을 내오는 동안
예의 없는 하몰은, 뒤집어진 액자에 호기심이 발동했다.
그것은 사판의 어릴 적 가족 사진이었다.
남의 집 물건을 저렇게 함부로… 쯧쯧…
헙…
탁
검사님 아버님이… 목사님이세요?
거 남의 가정사에는 신경 꺼.
푹

검사님 그럼…
교회 다니…
셨었겠네요?
후룩
탁
사판아,
너는 성경을 문자
그대로 믿지 않고
의심이 많구나.
사판아,
너는 너무
질문이 많구나.
사판아,
너는 교회에
덕이 안 된단다.

사판아,
목사님 아들이 대체
왜 그러니.
사판아,
계속 그럴 거면…
너 그냥
교회 나오지
말아라.
아…
아버지가 목회하던
교회에서
그렇게 쫓겨나오면서
나는 한 가지를
깨달았지.

교회 안에서는 답하지 못할 질문은 죄악이다.
그런데 그런 내 오랜 질문들에 대해서… 물론 전부는 아니지만 그래도 어느 정도라도 답을 해준 건…
하몰 니가 최초였다.
흐어어엉…
그런 의미에서 한 가지만 더 묻자.
예수를 하나님의 아들로 믿고 따른다는 건… 그럼 실제로 어떻게 살아야 되는 거냐?

그건 알아서 하셔야…
이 자식이!
아니, 일단…
예수가 하나님 오른편에 앉은 아들이라는 게 실제로 무슨 의미야?
음… 유대인들에게 '하나님 오른편에 앉았다'는 건, 하나님의 통치 권한과 심판 권한을 예수께서 모두 위임받으셨단 의미였고…1
말씀드렸었다시피, '신의 아들'은 당시 로마 황제에게 붙여졌던 말이었으니…2
하나님의 아들
신의 아들
왓 더…
예수가 '하나님 우편에 앉은 아들'이란 선언은, 당시에 상당히 위험할 수 있는 얘기였죠.
사형틀에서 죽은 자가 우리 왕이라고?
황제에게 반란을 일으키려는 건가?
유대인
로마인
그래 뭐 '복음'이란 말도 원래 황제한테 쓰던 말이었다며…?3
새 황제가 등극했다!
세상을 위한 복음이다!

그쵸. 암튼 중요한 건,
예수께서 이 우주의 지휘봉을
잡으셨단 거고…
그런 예수를 믿는단 건
그의 통치를 따르는
백성이 된단 거죠.
그니까 그 통치를 따른다는 게
구체적으로 뭐냔 거지.
교회에서도 '하나님의 아들'은
걍 추상적인 '신'이잖아?
'복음'도 그냥 십자가를 통해 죄에서 구원받고
천국 가는 거, 딱 거기까지.
그 이후에는 크리스천 개개인이
예수에 대해 갖고 있는 이미지가
정말 제각각이던데?
자기 인생 뒷바라지해주는
능력 좋은 하인쯤으로
여기기도 하고…
이 모든 걸
주께 의탁합니다.
(빨리 처리를…)
그래, 그것 참
기쁘구나!
감정을 해소해주는
심리상담사로
여기거나…
가상의 연인으로
대하기도 하고…
그러시군요…
네…
그러시군요…
jesus_love
#오늘도 #주님과 데이트

그런데 예수의 통치를 따른다? 그런 선례를 주변에선 본 적이 없어서 뭔지 도통 모르겠네.
음… 확실히 기독교 신앙이란 게 엄청 개인화·내면화 되어 있긴 하죠…
근데 예수를 따른다는 걸 꼭 혼자 감당하는 일로만 생각하실 필요는 없어요.
…뭔 소리야?
구약에서든, 신약에서든 하나님의 백성이란 건 늘 '공동체'였단 말이죠.
이스라엘
교회
그니까, '내가' 어떻게 살아야 하는가에 앞서,
'우리가' 어떻게 살아야 하는지를 먼저 물어야 한단 얘깁니다.[4]
보통은 크리스천 개개인이 기독교적 영향력을 세상에 끼쳐야 한다고만 생각하지만…

그전에, 예수를 따르는 백성인
교회 공동체 자체가
세상의 대안이 돼야
하는 거죠.
대안 공동체?
뭘 또
그렇게까지…
흠… 검사님은
'하나님 나라'가
어떤 곳인지
상상이 가세요?
글쎄 뭐…
괴로움이 없는
낙원?
하나님 나라는 예수의 재림 때,
바로 이 땅에 하나님의 보좌가
내려옴으로 이뤄질
현실이에요.
아무런 책임도, 의지도 없이
흐느적대는 그런
몽상적인 낙원이 아니라…
하나님의 선한 다스림이
일어나는 세상,
예수의 가르침이
실현되는 세상,

사람들이 하나님을 사랑하고, 이웃을 진정으로 사랑하는 그런 역동적인 실제 세상 말예요.
그때가 오기 전까지, 교회는 바로 그 하나님께서 다스리시는 세상이 어떤 곳인지를 미리 보여줘야 할 존재예요.
그런 교회가… 단지 크리스천 개개인을 통해 국가나 사회를 좀 더 낫게 변화시키는 역할에 그친다면…
우리는 예수를 왕으로 모시는 게 아니라
국가
오히려 예수가 세속 국가를 모시도록, 그분을 도구로 만들 수 있어요.
또… 교회가 사후 세계 그 자체가 목적인 것처럼 예수 천국, 불신 지옥만 외친다면…
Lord Jesus Heaven
No Jesus Hell
예수 천국
불신 지옥
예수 천국 불신 지옥
666 베리칩 받는자 지옥
그것 역시 예수를 인간의 사후 세계 보장을 위한
개인의 내세
도구로 여기게 만드는 거죠.

교회가 대안적인 공동체가 된다는 건, 예수의 왕적 권위 위에 그 어떤 것도 놓지 않겠다는 선언이에요.
그것이 국가든, 민족이든, 이념이든, 개인이든, 그 무엇도요.
그리고 그러한 교회 공동체는 필연적으로 마가복음 전체를 관통하는 한 가지 주제로 들어가게 될 겁니다.
마가복음을 관통하는 한 가지 주제…?
그게 뭔데?
십자가요.
……
십자가…?

난 또 무슨 대단한 거라도 나올 줄 알았네. 십자가야 뭐 신약성경 어디에서나 당연한 주제 아냐?
오, 그래요? 그 당연한 거 얼마나 잘 아시는지 함 보까요?
예수가 십자가에 달려서 온 인류의 죄악을 속하는 희생제물이 된 거 아냐?
음, 그초. 그라고요?
그리고 예수 믿고, 죄 짓고 용서받고 죄 짓고 용서받고 무한 루프지 뭐…
검사님, 십자가가 당시에 뭐였죠?
…로마의 사형 집행 도구였잖아?
로마의 사형 집행이야 머 참수형도 있었잖아요?
그렇긴 하지…

십자가는 단순한 형벌이 아니라, 군사적이고 정치적인 형벌이었어요.[5]
주로 로마 점령지에서, 로마의 권위에 대항하는 자들을 십자가에 달았그든요.[6]
그럼 예수는 어쩌다가 십자가에 달린 거지…? 봉기 한 번 일으킨 적 없지 않나?
그렇긴 한데, 위험한 암시는 좀 하셨죠. 로마 군대 이름을 가진 귀신들을 갈릴리 바다에 수장시키신 일화도 있고…
λεγιών
레기온
예루살렘 성전이 철저히 무너질 거란 엄청난 예고도 하셨었고요…
이 모두가 기존의 체제와 권세들이 무력화되거나 무너질 거란 얘기였죠.

게다가 예수는 새로운 질서를 세워가기 시작했으니까요. 새로운 이스라엘 열두 지파를 상징하는 열두 제자와 함께…
그게 기존 권력층과 종교 지도자들의 신경을 탁 건드린 거구만.
그르죠.
무력 시위나 봉기가 없었음에도… '하나님 나라'라는, 세상에 이질적인 새 질서를 이 땅에 드러내기 시작한 것만으로도,
그들은 예수를 십자가라는 정치적 형벌로 제압해야 했던 거죠.
여하간… 로마 총독 빌라도는 예수의 십자가 죄패에 굳이 '유대인의 왕'이라고 써서
REXIVDAEORVM
ΒΑΣΙΛΕΥΣΤΩΝΙΟΥΔΑΙΩΝ
그 기회에 유대 국가 전체를 비참하게 깔아내리며, 동시에 로마의 권위를 공고히 했고…
너네 유대인의 왕이란 딱 저 정도라.
저자는 우리 왕이 아니오!!

유대교 지도층 역시,
자신들의 성전 체제가 옳다는 걸
백성들 앞에서 재확인하는
소기의 목적을 달성했죠.
성전이
무너지긴 개뿔!
자기 목숨도
못 구하는 작자가!
그럼…
기존 체제가 무너진 게 아니라
예수가 무너진 거잖아?
누가 봐도 그렇게 보였겠죠?
근데 마가복음은
전혀 딴 얘기를 해요.
바로 그 십자가 처형 장면에서
뜬금없이 로마 백부장의 고백이
나오는데요.
이 사람은
정말로
하나님의 아들
이었다…7
이게 마가복음 전체에서
예수께서 사람한테 '하나님의 아들'이라고
불려지는 유일한 장면이그든요?
그래…?
그니까 마가는 자신이 첫 구절에서
예수가 하나님의 아들이라고 했을 때의
그 진정한 의미를…
마가복음 1장 1절
하나님의 아들
예수 그리스도의
복음의 시작이라

십자가 처형 장면에서 결정적으로 드러내고 있는 겁니다.[8]
하나님의 아들
결국, 예수가 왕이시란 건 그분이 '십자가에 달린 존재'로 알려질 때 의미를 갖는단 거죠.[9]
그리고 그 십자가의 길은, 예수를 따르는 교회 공동체에게도 주어지는 주젭니다.
약간 패배주의 스멜이…
어허이~ 패배주의랑은 달라요. 쫌 더 들어가 봅시다.
일단, 지금까지 얘기한 전제들을 좀 정리해보믄 이래요.

첫째, 예수께선 왕이시고
교회 공동체는 다른 모든 가치들 위에
예수의 왕적 권위를 두고 있는
자들이다.
예수
국가
개인
문화
이념
둘째, 그런데 마가복음은 예수가
로마 제국이라는 국가 권력의 반역자로
처형당한 모습을 통해서
그가 왕이란 걸 드러내고 있다.
예수
MARK
여기에 하나 더 추가하자면,
예수는 자신을 따르는 자들 역시
'자기 십자가'를 짊어져야 할 거라
말씀하셨다는 것. 그러니까…10
그니까 결론은
패배주의…
…라고
단순하게 볼
수 없다는
거죠!
마가복음 독자들은, 예수께서
'하나님의 아들'이시란 걸
미리 들은 상태이고…11
지극히 높으신
하나님의 아들
예수여!
그분이 모든 권세들을 무력화시킬
권한을 갖고 있으시단 암시도
이미 받고 있었어요.
군대 귀신들 수장된 사건에서
봤듯이…

그래서 독자들은 로마 군병들이 예수를 희롱하며 절할 때 묘한 긴장감을 느꼈을 겁니다.[12]
유대인의 왕이여! 만세!
마가는 흥미롭게도 로마 군병들이 '절했다'는 말과, 군대 귀신 들린 광인이 '절했다'는 말에서 같은 표현을 쓰기도 했고요.[13]
προσεκύνουν
προσεκύνησεν
προσκυνέω
절하다, 경의를 표하다
결국 독자들은 어쩌면… 그런 로마 군병들의 희롱 이후의 결과가 무척 궁금해졌겠죠.
예수를 조롱한 로마 군인들의 운명은?
이 군병들 다 죽는 거 아냐…?
하지만 충격적이게도… 예수께선 아무런 신적 권능도 행사하지 않고, 정말로 처형당해버리셨고…
억…
예수 처형, 기적은 없었다.
그런데 더 충격적이게도 그 로마 군병들의 대장인 백부장의 입에서 예수가 '신의 아들'이라는 발언이 나온 거죠.
백부장이 …???
백부장, 황제에 대한 '불충' 선언?
로마 황제를 '신의 아들'로 모시던 그 백부장의 세계관이 뒤집히는 이 장면을 마주하면서, 독자들은 아주 생소한 진리를 발견하게 됩니다.

십자가는
패배라고
생각했는데…
오히려 지금
십자가 앞에서
완전히 굴복된 건
로마 군인이다…
그럼, 예수의 십자가 상의 죽음이야말로
세상 권세들과 악이
궁극적으로 패배하고
무력화된 순간이구나!
…겉으론 실패처럼
보이지만
사실은
승리였다?
그죠.
그 승리가
예수의 부활,
승천으로
입증된 거고…
무엇보다도 그것이
초기 기독교인들의
십자가 이해가 되기도
했고요.
골로새서 2:15
통치자들과 권세들을 무력화하여
드러내어 구경거리로 삼으시고
십자가로 그들을
이기셨느니라.
십자가라…
여하튼 예수를 따르는
자들도 그런
고난을 추구해야
한단 거 아냐?
고난을 추구하기보단
예수의 말씀을 지키면서
하나님 나라를 드러내며
살아야죠.

그런데 그렇게 드러나는
하나님 나라를
세상이 꼭 반기지만은 않을 거란 것이
십자가의 가르침이고요.
그럼 세상과
대립하고
단절돼서
나 홀로 살란
얘기야?
아이구, 전혀요!
그 반대죠.
예를 들면
이런 거예요.
국가 권력이나 사회가
예수의 가르침에 위배되는
행동을 요구할 때…
그걸 거부함으로 위험에 처했던
위대한 기독교인들을 생각해보세요.
그들 모두 세상으로부터 도망친 분들이
아니죠.
디트리히 본회퍼
나치에 의해
교수형에 처해짐
칼 바르트
나치에 의해
독일에서 추방
주기철
일제에 의해
고문받다 옥사
예수께서 십자가에 달리신 곳도,
산속이나 광야가 아니라
제일 인구가 밀집된
도시 한복판이었잖아요.
십자가를 짊어진다는 것은
오히려 세상 속에서, 광장에서,
책임 있게 살아갈 때
일어날 수 있는 일인 거죠.

1. 이형일, 『예수와 하나님 아들 기독론』(새물결플러스 역간), 262-263.

2. chapter 3. '마가복음이 쓰이기까지' 참조.

3. chapter 3. '마가복음이 쓰이기까지' 참조.

4. Richard B. Hays, 『신약의 윤리적 비전』(IVP 역간), 312.

5. Joel B Green, 『예수 복음서 사전』(요단 역간)의 기고문, 843.

6. Joel B Green, 같은 글.

7. 막 15:39.

8. Richard B. Hays, 같은 책, 132.

9. Richard B. Hays, 같은 글.

10. 막 8:34.

11. 막 5:7.

12. 막 15:19.

13. 막 15:19, 5:6(마가복음에서는 이 두 곳에서만 쓰임); C. A. Evans, 『WBC 마가복음(하)』(솔로몬 역간), 752.

chapter.9

열린 하늘

흠…
사판 검사는 잠시 생각에 잠겼다.
어이고… 기독교인 되는 거, 이거 뭐… 낭만적인 일은 아니구만.
어릴 적에 목사이신 내 아버지께선…
세상에 어떤 불의한 일이 터지거나, 문제가 생겼을 때, 자주 이렇게 말씀하셨지.
사판아, 저것 봐라. 이 땅에 소망을 두면 우린 계속 불평과 원망만 쌓일 게다.
우리 본향은 천국이야.

우린… 본향 가는 길에 이 세상을 잠시 거쳐가는 나그네들이란 걸 기억해라…
참 낭만적인 얘기였는데, 어딘가 모르게 갑갑했어.
그럼 우린 왜 사는 거지? 다 천상의 세계로 가버릴 거면 대체 하나님이 이 땅을 창조하신 이유는 뭐지?
…이런 까칠한 질문들이 안 생겼으면 나도 사후 천국행 보험 들어놓고 걍 맘 편히 살았을 텐데…
에효…
괘앤히~ 반항적으로 살다가 하몰 이 이상한 나귀를 만나서 이상한 얘기들을 들어버렸네.
어허… 이상한… 나귀라니요…
이렇게 잘생긴 나귀를…
뭐 아무튼…

기독교인은 본향으로 가는 중에 이 세상을 잠시 거쳐가는 자들이 아니라…
본향이 직접 내려와 이 세상을 덮을 것을 기다리는 자들이란 사실이 새로웠어.
만물이 회복될 거란 그날이 기대가 되기도 하고…
물론 내가 예수를 왕으로 따르며 십자가의 삶을 살 준비가 됐는지는 모르겠지만…
그리고 아직 여러 질문들이 더 남아 있지만…
하몰, 너와 마가복음을 통해서, 예수의 복음의 세계로 한 걸음 입문을 한 느낌이다.
MARK

오오오…
고맙다.
으윽…
또 눈물이…
복음의 세계로 들어오신 걸
격하게 환영합니다!!!
어억!
떨어져…
증인 취조로 시작한
사판과 하몰의 이야기는
떨어
지라고~

여기서 마무리된다.
필자가 전해들은 것도 여기까지라서,
그 뒤로 사판과 하몰이 어떻게 되었는지는
알 길이 없다.
확신할 순 없지만,
다시 이들의 소식을 접하게 된다면
꼭 알려드리겠다.
사판과 하몰의
마가복음 뒷조사
마가복음에 따르면, 예수께서 세례를
받으실 때 하늘이 '찢어져' 열렸다고 한다.[1]
σχιζομένους
스키조메누스
그리고 예수께서 십자가에서 죽으실 때
성전 휘장도 둘로 찢어져 열렸다.[2]
구약에서 하늘이 열리는 이미지는
이 땅을 향한 하나님의 행동을 암시한다.[3]
이사야 63:15, 64:1
... 주의 열성과 능하신 행동이
이제 어디 있나이까...
원하건대 주는 하늘을 가르고
강림하시고...

오늘날 그 하나님의 행동이
개시되는 곳은 어디일까?
?
그곳은 십자가의 외형만 남은
성공과 번영의 현장일까?
아니면
때론 두려움에 흔들리고, 고독하고,
생채기가 나는 비루한 현실 속에서도
끝끝내 견디며 예수 따르기를
포기하지 않는 자들의
그 '길 위'일까?

주

1. 막 1:10; Richard B. Hays, 『신약의 윤리적 비전』(IVP 역간), 151.

2. 막 15:38; Richard B. Hays, 같은 글.

3. Richard B. Hays, 같은 글.

마가복음 뒷조사

1쇄 발행 2016년 7월 17일
21쇄 발행 2025년 3월 7일

지은이 김민석
펴낸이 김요한
펴낸곳 새물결플러스

편 집 왕희광 정인철 노재현 이형일 나유영 노동래
디자인 황진주 김은경
마케팅 박성민
총 무 김명화 이성순
영 상 최정호
아카데미 차상희

홈페이지 www.holywaveplus.com
이메일 hwpbooks@hwpbooks.com
출판등록 2008년 8월 21일 제2008-24호
주 소 (우) 04114 서울시 마포구 신촌로28가길 29
전 화 02) 2652-3161
팩 스 02) 2652-3191

ISBN 979-11-86409-61-9 03230

책값은 뒤표지에 있습니다.